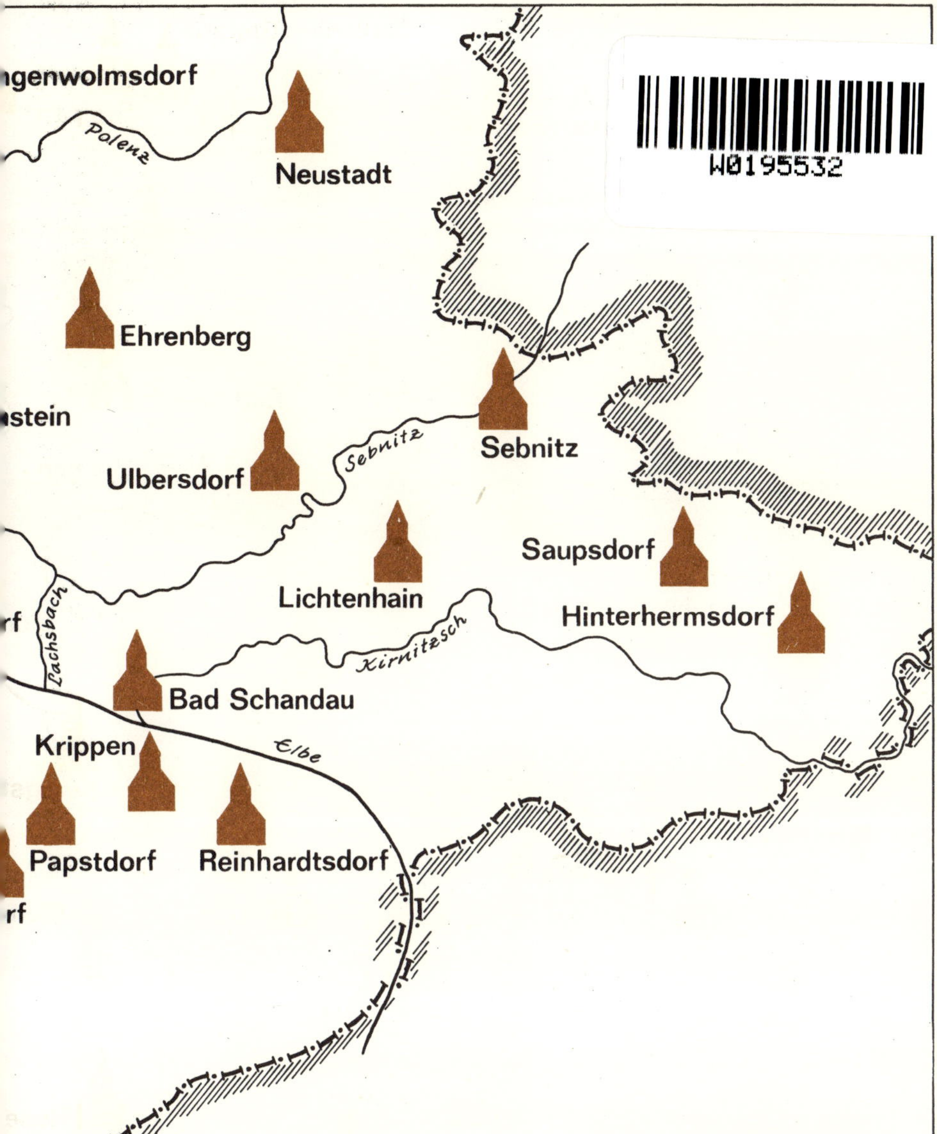

DIE KIRCHEN IN DER SÄCHSISCHEN SCHWEIZ

GERHARD SCHMIDT

Die Kirchen in der Sächsischen Schweiz

GERHARD SCHMIDT

Die Kirchen in der Sächsischen Schweiz

Mit Beiträgen über die Orgeln
von Wolfram Hackel

Aufnahmen von Erich Fritzsch

Evangelische Verlagsanstalt Berlin

ISBN 3-374-00842-9

1. Auflage

Reg.-Nr. 420. H 6115
Gesamtgestaltung: Hartwig Hoeftmann
Printed in the German Democratic Republic
Gesamtherstellung: Druckerei Markneukirchen III-23-3

Inhalt

Danksagung

Für wertvolle Hinweise, freundlich erteilte Auskünfte und wesentliche Ergänzungen danke ich Herrn Dr. Wolfram Hackel, der Staatlichen Zentralverwaltung für Statistik, Bezirksstelle Dresden, Herrn Dr. Heinrich Magirius und Herrn Bibliothekar Gerd Kleber, Institut für Denkmalpflege, Dresden, Herrn Superintendent i. R. Dietrich Spranger, Dresden, zahlreichen Pfarrern im Gebiet der Superintendentur Pirna, Herrn Kirchenmusikdirektor Heinrich Albrecht, Pirna, Herrn Ordinariatsrat Dr. Siegfried Seifert vom Katholischen Bistum Dresden-Meißen, Bautzen, Herrn Museumsleiter Manfred Schober, Sebnitz, Herrn Bauingenieur Dietrich Berger im VEB Denkmalpflege Dresden sowie dem Verlag.
Meiner Frau Gudrun Schmidt danke ich für ihre Hilfen und für manchen guten Rat.

Gerhard Schmidt

Vorsatz: Übersichtskarte »Die Kirchen in der Sächsischen Schweiz«
Nachsatz: Schandau, Kupferstich von Johann Philipp Veith (1768–1834), entnommen aus dem Reisebericht K. A. Engelhardts »Malerische Wanderungen durch Sachsen« (1794/95). Staatliche Kunstsammlungen Dresden, Kupferstichkabinett (Foto: Sächsische Landesbibliothek, Abt. Deutsche Fotothek)

Einführung

Die Sächsische Schweiz ist ein Gebirge von besonderer Eigenart, das sich im Süden der DDR beiderseits der Elbe von der tschechoslowakischen Grenze bis Pirna erstreckt. Es reicht im Nordwesten bis zur Wesenitz, im Westen bis zum Gebiet der Gottleuba. Der Sandstein dieser Landschaft wird im Norden von dem Granitgrund der Lausitz und im Westen von der Gneisfläche des Erzgebirges begrenzt.

Was die Sächsische Schweiz zu einem märchenhaften Zauberland macht, sind vor allem die Verwitterungsformen ihrer Felsenwelt: die Großformen der senkrechten Wände, der Schluchten und der schlanken Säulen und Türme sowie die grotesken, bizarren Kleinformen von unendlicher Fülle. Solche seltsamen, abenteuerlichen Felsformen sind nur an wenigen Stellen der Erde zu finden. Sie wurden vom fließenden Wasser modelliert. Die aus härterem Material bestehenden Tafelberge (die »Steine«) und andere wildzerklüftete Felsen der oberen Sandsteinschichten leisteten der Verwitterung Widerstand. Dazwischen liegen die »Ebenheiten«, wo Tonablagerungen und eiszeitliche Geschiebelehmflächen den Sandstein bedecken und vor Verwitterung schützen. Hier finden wir freundliche Dörfer und fruchtbare Ackerfluren.

In die Ebenheiten haben sich die Elbe und ihre Nebenflüsse erneut in tiefen Tälern mit schwungvollen Kurven eingegraben. Dieser dreistufige Landschaftsaufbau ermöglicht vielfältige Ausblicke von den »Steinen« oder anderen Felsen über ein weites, schönes Land, über lachende Felder und dunkle Wälder hin zu anderen Tafelbergen und bis zu den fernen Basaltbergen in der ČSFR. Besonders malerisch aber sind die Ausblicke dort, wo sie von den Höhen nicht nur über die Ebenheiten in die Weite, sondern zugleich gewissermaßen zwei Stockwerke tiefer hinab in die steil eingeschnittenen Flußtäler reichen. So ist es von den berühmten Aussichtspunkten wie der Bastei, dem Königstein, dem Lilienstein und der Burg Hohnstein. Zusammen mit den ungewöhnlichen Felsenformen tragen diese Ausblicke und auch die mannigfaltige Vegetation wesentlich dazu bei, daß die Sächsische Schweiz ein bevorzugtes Ziel von Urlaubern und Ausflüglern ist, die hier beim Wandern in der Natur Erholung und Entspannung, Freude und Frohsinn suchen oder gar als Bergsteiger auch vor dem Erklimmen der steilsten Gipfel nicht zurückschrecken. Seit 1956 ist die Sächsische Schweiz Landschaftsschutzgebiet.

Die Schönheit dieses Gebirgslandes beruht nicht nur auf der einzigartigen Natur, sondern auch auf deren Gestaltung durch die hier wohnenden Menschen. Die menschlichen Siedlungen, Dörfer, Städte und Burgen sowie die sie verbindenden Verkehrswege wurden in jahrhundertelanger Arbeit erbaut und prägten die Landschaft mit. Dies gilt auch für die Kirchen inmitten der Siedlung als Stätten des Gottesdienstes und damit Mittelpunkten des öffentlichen Lebens. Neben Burgen, Schlössern und Rathäusern sowie auch manchen Bürger- und Bauernhäusern gehören die Kirchen zu den bedeutenden Kunst- und Kulturdenkmälern. Sie legen Zeugnis ab von der Geschichte der Sächsischen Schweiz und ihrer Bewohner, von deren Frömmigkeit, ihrer Arbeit und ihrem Kunstsinn. Wer die Sächsische Schweiz im Urlaub besucht und kennenlernen will, der sollte auch an den Kirchen nicht achtlos vorübergehen. Dazu will das vorliegende Bändchen anregen und zugleich Führer sein. Da die kulturgeographische Einheit »Sächsische Schweiz« über das Elbsandsteingebiet hinausreicht und die Randlagen zum Osterzgebirge und zum Lausitzer Bereich mit umfaßt, sind hier auch die Kirchen an der alten Paßstraße im Gebiet um Liebstadt bis zum Seidewitztal und damit das gesamte Flußgebiet der Gottleuba einbezogen; im Norden bildet die Wesenitz die Grenzlinie.

Die Geschichte der Kirchen ist eng mit der allgemeinen Geschichte der Sächsischen Schweiz verbunden. Vor tausend Jahren gab es hier noch keine geschlossene Besiedlung. Ausgedehnte Wälder, ähnlich wie sie in unseren alten Märchen beschrieben werden, beherrschten das Landschaftsbild. Das Gebirge lag zwischen den slawischen Wohngauen Nisani (von Meißen über Dresden bis Pirna), Milska (von Kamenz über Bautzen bis nordöstlich Löbau) und dem böhmischen Tetschen (Děčín). Slawisch sind Ortsnamen wie Ostrau, Prossen, Rathen und Schmilka sowie Flußnamen wie Polenz, Sebnitz und Wesenitz. Im 12. und 13. Jahrhundert wurde das Gebiet von deutschen Bauern aus Franken und Thüringen besiedelt. Sie rodeten den Wald und legten Waldhufendörfer und Städte an, die meist deutsche Namen tragen. Infolge der einengenden Geländeformen waren und blieben Dörfer und Städte meist kleiner als anderswo. Zugleich wurden in den Städten und größeren Dörfern Kirchgemeinden gegründet und Kirchen er-

Marienkirche im Stadtbild von Pirna

Barockkirche in Reinhardtsdorf

Markt und Kirche der Stadt Wehlen

Blick auf Bad Schandau mit der Johanniskirche

baut. Die Besiedlung wurde links der Elbe wahrscheinlich durch die geistlichen Ritterorden der Johanniter und Deutschritter von Böhmen aus geleitet. Der Deutschritterorden hatte im Mittelalter das Patronatsrecht über die Kirchen von Königstein, Struppen, Rosenthal und Markersbach (heute Bahratal). Reste des romanischen Baustils sind noch erhalten in den Kirchen von Bad Gottleuba (Unterbau des Turms und wohl auch der Chor), Struppen (Sakristei, Chor und Südportal), Festung Königstein (Konsolstein, Kreuzgurtgewölbe), Langenhennersdorf (Portal), Dorf Wehlen (Apsis), Stolpen-Altstadt und Friedrichswalde. Ein sehr altes Gotteshaus war in Pirna die Nikolaikirche der Kaufmannssiedlung, die wohl vor oder um 1150 an der Breiten Straße (heute Karl-Marx-Straße) südlich der späteren Stadt zwischen der Fernhandelsstraße und der Elbe entstanden war. Diese Kirche wurde 1875 abgetragen.

Politisch gehörte die Sächsische Schweiz zunächst teils zu Böhmen, teils zur Oberlausitz und teils zur Mark Meißen. Mit ihren steilen Bergen und wichtigen Verkehrswegen (der Elbe und den das Gebirge umgehenden Straßen) hatte sie im Mittelalter eine beachtliche militärische und wirtschaftliche Bedeutung. Davon zeugen die einstigen Burgen und Herrschaftssitze. Der böhmischen Krone direkt unterstanden die Burg Königstein und die Stadt an ihrem Fuß, die noch heute das königlich böhmische Wappen führt. Auf den Burgen Hohnstein und Wildenstein saßen die mächtigen böhmischen Herren Berka von der Duba. Sie und andere Adlige bedrückten von ihren »Raubschlössern« aus im späten 14. und 15. Jahrhundert die Bevölkerung durch Fehden und Räubereien. Im 14. Jahrhundert waren auch noch Gottleuba, die Stadt und Burg Pirna sowie Neustadt böhmisch. Zwischen Pirna und Dippoldiswalde besaßen die Burggrafen von Dohna einen eigenen Herrschaftsbereich. Seit dem Jahre 1400 drangen die Markgrafen von Meißen wieder vor und erwarben nach und nach die gesamte heutige Sächsische Schweiz, darunter die zeitweise böhmischen Gebiete um Pirna und Neustadt, die Burggrafschaft Dohna sowie die Herrschaften Rathen, Hohnstein und Wildenstein. Im Vertrag von Eger wurde die Grenze zwischen Sachsen und Böhmen im Jahre 1459 so festgelegt, wie sie heute noch besteht. Der vom sächsischen Landesherrn unmittelbar verwaltete Flächenstaat herrschte nun vor. Die Wettiner bauten die Burgen auf dem Königstein und in Pirna als stärkste Landesfestungen aus. Sie richteten in Burgen ihre unteren Verwaltungsbehörden ein, so die »Ämter« Pirna, Dohna, Königstein und Hohnstein. Die Ämter Dohna und Königstein wurden im

15./16. Jahrhundert mit dem Amt Pirna vereinigt. Im 16. Jahrhundert gingen die Herrschaften Wehlen und Lohmen in landesherrlichen Besitz über. Nachdem Stolpen von 1537 bis 1555 bischöflich meißnische Residenz gewesen war, gelangte das Territorium des Bistums Meißen um Stolpen 1559 in die Hand des Kurfürsten. In Lohmen und Stolpen hatten nun landesherrliche Ämter ihren Sitz. Es gab nur wenig Rittergüter an der Westgrenze des Gebietes. Die Einwohner wurden daher nicht so stark von Feudallasten bedrückt wie in anderen Gebieten Sachsens.

Etwa seit dem Jahre 1300 bestand in Pirna ein Dominikanerkloster. In der Zeit der böhmischen Herrschaft, im 14. Jahrhundert, wurde die Dominikanerkirche erbaut. Nach Kriegsschäden ist sie 1956 wiederhergestellt worden. Sie ist einer der bedeutendsten hochgotischen Bauten Sachsens. Auch Teile der Kirchen von Ottendorf, Struppen und Neustadt stammen aus dem 14. Jahrhundert. – Dem Dominikanerkloster gehörte als Lesemeister der »Pirnaer Mönch« Johannes Lindner an, der um 1530 ein historisch-topographisches Wörterbuch »Onomasticon mundi generalis« verfaßte. Um 1460 wurde der Dominikanermönch Johann Tetzel in Pirna geboren, der als Ablaßprediger bekannt wurde.

Die Reformation wurde in der Sächsischen Schweiz ebenso wie im übrigen albertinischen Sachsen 1539 eingeführt. Während das erst 1515 gegründete Cölestinerkloster auf dem Königstein schon 1524 wegen »Auslaufens« der Mönche geschlossen werden mußte, wurde die Auflösung des Dominikanerklosters in Pirna erst 1540 eingeleitet. Die kirchliche Unterstellung des linkselbischen Gebietes unter das Erzbistum Prag hörte damit auf; die gesamte Sächsische Schweiz gehörte von da an bis heute zur Superintendentur Pirna.

Die Gebirgslandschaft bot keine günstigen Voraussetzungen für die Entfaltung der Landwirtschaft. Von großer wirtschaftlicher Bedeutung war der Flachsanbau. Er bildete die Grundlage für ein weitverbreitetes Textilgewerbe. Im Jahre 1500 gab es allein in Pirna 47 Tuchmachermeister. Weitere wichtige Wirtschaftszweige waren die Forstwirtschaft, der Abbau des Sandsteins, die Eisenerzgewinnung zwischen Gottleuba und Königstein und die Elbschiffahrt. Die Arbeit der Steinbrecher, die den Sandstein in zahlreichen Steinbrüchen längs der Elbe und ihrer Seitentäler gewannen, war gefährlich und ungesund. Die großen Sandsteinblöcke wurden durch Steinsägen zu Mühlsteinen und Bausteinen zerkleinert, vor allem im Gebiet von Pirna und Lohmen. Das im Gebirge geschlagene Holz verarbeitete man in Sägemühlen oder transportierte es in Flößen elbabwärts. Die – von hier auch bis nach

Polen, Dänemark und den Niederlanden exportierten – Sandsteine und das Holz hatten große Bedeutung für die Bauindustrie des gesamten Elbgebietes. Sie bildeten auch das Baumaterial für die Kirchen in der Sächsischen Schweiz. – Der Elbhandel ging von Pirna und auch von den kleineren Städten an der Elbe aus. Durch seine günstige Verkehrslage am Elbübergang mehrerer Hauptstraßen war Pirna im Mittelalter und noch bis zum 17. Jahrhundert die bedeutendste Fernhandelsstadt des mittelelbischen Gebietes zwischen Leitmeritz (Litoměřice) und Magdeburg. Pirna besaß das wichtige Niederlagsrecht; daher mußten alle durch die Stadt transportierten Waren drei Tage lang zum Kauf angeboten werden. Ausgeführt wurden vor allem Steine und Holz aus dem Elbsandsteingebirge sowie Metalle und eiserne Geräte aus der Umgebung von Berggießhübel. Als Einfuhrgüter kamen elbaufwärts vor allem Salz, Gewürze, Fische und niederländische Tuche, aus Böhmen dagegen Wein, Hopfen, Getreide, lebende Tiere und tierische Produkte.

Das Aufblühen des erzgebirgischen Silberbergbaus durch reiche Funde wirkte sich in der Zeit von 1470 bis 1550 für die Wirtschaft ganz Sachsens und damit auch für die Sächsische Schweiz günstig aus. Gleichzeitig nahm die Bevölkerung zu. Damit begann eine neue Epoche der Bautätigkeit, insbesondere von Kirchen. Zu den damals entstandenen Sakralbauten gehört die Marienkirche zu Pirna, das weitaus bedeutendste Gotteshaus der Sächsischen Schweiz. Es ist eine der großen spätgotischen obersächsischen Hallenkirchen, wie sie auch in Meißen, Rochlitz, Leipzig, Freiberg, Dresden, Annaberg, Zwickau und Schneeberg errichtet wurden. Von ihnen allen ist die Marienkirche in Pirna (1502/46) als letzte vollendet worden. Nur die benachbarte Dekanatskirche in Brüx (Most in der ČSFR; 1517/49) war etwas jünger. Der Bauplan der Pirnaer Marienkirche stammt von Peter Ulrich aus Pirna, der auch die Annenkirche in Annaberg mit konzipierte. – An anderen Kirchen der Sächsischen Schweiz sind nur bescheidene spätgotische Reste erhalten: in Struppen, Bad Gottleuba, Sebnitz, Ehrenberg, Reinhardtsdorf, Langenhennersdorf, Cotta, Helmsdorf, Liebstadt, Oelsen, Ottendorf und Stolpen. Bei der Errichtung eines heute nicht mehr erhaltenen Vorgängerbaus der Kirche in Königstein wurden Namen der Meister genannt. So erhielt Markus von Pirna den Auftrag und wurde von zwei Dresdnern, Hans Schickentanz und Hans Schwabe, unterstützt. Demnach hatte Pirna hier noch die künstlerische Führung, aber die Landeshauptstadt übte schon einen starken Einfluß darauf aus.

Bedeutende Werke aus der Renaissance sind die mehrgeschossigen Altäre der Kirchen in Bad Schandau, Sebnitz und Pirna. Der Schandauer Altar stammt von dem Dresdner Bildhauer Hans Walther, der ihn 1574/79 schuf. Etwa aus der gleichen Zeit stammt der Sebnitzer Altar, der die Jahreszahlen 1586 und 1626 trägt. Der Pirnaer Altar wurde von zwei dortigen Bildhauern, den Brüdern Michael und David Schwenke, 1611 vollendet. An allen drei Altären sind u. a. Geschehnisse aus dem Leben und Wirken Christi wie das Abendmahl, die Kreuzigung und die Kreuzabnahme dargestellt. In Sebnitz wurde das einschiffige Langhaus der Kirche noch zu Beginn des Dreißigjährigen Krieges 1619 vollendet. Ein Renaissancebau aus der Zeit um 1560 ist die Kirche von Pirna-Zuschendorf mit einem Abendmahlsgemälde des Dresdner Hofmalers Heinrich Göding. Etwas später entstanden wohl die kleine Kirche von Pirna-Liebethal und ein Anbau der Kirche von Struppen mit einem kunstvollen Giebel. Der Turm der Kirche von Stürza wurde 1630/31 erbaut.

Während des Dreißigjährigen Krieges war Pirna die wichtigste Zufluchtsstätte der aus Böhmen vertriebenen Protestanten. 1629 hielten sich hier über 2000 Glaubensflüchtlinge auf, die »Exulanten« genannt wurden. Für sie wurde in der Pirnaer Nikolaikirche Gottesdienst in tschechischer Sprache gehalten. Auch in anderen Orten der Sächsischen Schweiz, des Erzgebirges und der Oberlausitz sowie in Dresden wurden Exulanten aufgenommen. Die evangelischen Kirchen des Grenzgebietes hatten deshalb für die Flüchtlinge große Bedeutung.

Schwere Schäden durch Mord, Raub und Brandstiftung erlitten die Einwohner der Siedlungen in der Sächsischen Schweiz im Dreißigjährigen Krieg durch umherziehende, verwahrloste Kriegsheere. 1632 suchten kaiserliche Truppen das Land heim. Dabei brannten kroatische Soldaten die Stadt Stolpen mit ihrer Kirche nieder. Sie zerstörten auch die Kirche in Markersbach. – Im Jahre 1639 wurde die Stadt Pirna von schwedischen Truppen erobert, während sich die Burg gegen die Angreifer halten konnte. Eine rücksichtslose Plünderung und Brandschatzung (= den einzelnen Bürgern mit Androhung von Brandstiftung auferlegte hohe Kontribution) vernichtete daraufhin den Wohlstand der Stadt Pirna fast ebenso gründlich wie kurz zuvor den Magdeburgs. Während Pirna um 1300 und um 1550 nach seiner Bevölkerungszahl unter den Städten der Mark Meißen bzw. Obersachsens mit 1500 bzw. mit 3500 Einwohnern etwa an elfter Stelle stand, fiel es seit 1639 weit zurück und nahm um 1750 mit 300 Einwohnern nur noch die 26. Stelle ein. – Schwedische und auch kaiserliche Truppen verwüsteten mehrmals auch die ländliche Umgebung Pirnas. Sie zerstörten dabei ebenfalls mehrere Kirchen durch Brandstiftung: 1637 in Langenwolmsdorf und in Neustadt, 1639 in Friedrichswalde und in Rathewalde. Die Einwohner bauten ihre Kirchen bald wieder neu, so in Friedrichswalde bis 1647, in Langenwolmsdorf von 1641 bis 1652 und in Markersbach 1650. Die damals errichtete Kirche von Stolpen brannte später erneut ab. Die Hospitalkirche in Neustadt wurde erst 1722 wiedererbaut.

Die durch den Dreißigjährigen Krieg verursachte Not dauerte danach noch jahrzehntelang an. Daher baute man zunächst nur kleine Kirchen: nach 1662 in Dittersbach, 1675 in Börnersdorf und 1670/76 auf der Festung Königstein. Gegen Ende des 17. Jahrhunderts wurden in Reinhardtsdorf (1675/89), Porschendorf (um 1684), Ulbersdorf (bis 1699) und Lichtenhain (1697/98) anstelle von früheren neue Kirchen errichtet. Sie alle sind entsprechend der Armut der Zeit ganz einfach gehalten. 1689 erhielt Hinterhermsdorf als Filialgemeinde von Sebnitz eine Kapelle. Barockaltäre entstanden in Ulbersdorf 1685 und in Lichtenhain 1696/97. Die Kirche von Struppen erhielt 1695 einen Turm mit Haube und Laterne und wurde im 18. Jahrhundert im Inneren in barockem Stil weiter ausgestaltet.

In Dörfern der Sächsischen Schweiz machten »Gärtner« (Kleinbauern) und »Häusler« (Hausbesitzer, die keine Felder hatten) schon im 18. Jahrhundert mehr als die Hälfte der Bevölkerung aus; die Bauern besaßen meist weniger als fünfzehn Hektar Land. In den Amtsdörfern mußte die Bevölkerung Fuhr- und Jagddienste für die Landesherrschaft leisten, und die Bauern litten unter Wildschäden. Daher gingen im Jahre 1790 Bauernunruhen vom Gebiet um das Dorf Wehlen aus. Bald darauf verfaßte der Seilermeister Christian Benjamin Geißler aus Liebstadt drei revolutionäre Aufrufe, die zum Sturz des Adels, zu Aktionen gegen die Landesregierung und zur Beseitigung der Mißstände aufriefen. Seine Forderungen lösten einen Demonstrationszug zahlreicher Bauern nach der kurfürstlichen Sommerresidenz Pillnitz aus.

Die von Dresden ausgehende Blüte der sächsischen Kunst im 18. Jahrhundert regte auch die Bautätigkeit in der Sächsischen Schweiz an. In Bad Schandau wurde die Kirche 1704/11 neu erbaut. Die reichen Malereien an den Brüstungsfeldern der Emporen und an der Decke der Kirche in Reinhardtsdorf wurden im Jahre 1711 vollendet. George Bähr, der Meister der Dresdner Frauenkirche, beeinflußte einen Neubau der Kirche in Königstein

(1720/24), der später bei einem Stadtbrand 1810 ausbrannte und danach wiederhergestellt wurde. In Hohnstein wurde die Kirche 1725/30 unter maßgeblicher Mitwirkung George Bährs als Zentralbau mit Kanzelaltar errichtet. Der Turm der Kirche von Dittersbach stammt von 1725, das Kirchenschiff in Stolpen von 1724/27. 1744/46 erhielt die Kirche in Dorf Wehlen einen mächtigen Turm. Die Kirche von Borna wurde 1753 errichtet. In Langenhennersdorf wurden die Emporen, die Patronatsloge und die Decke 1751/53 eingebaut und ausgemalt durch geschickte Provinzialhandwerker, die den Glanz der Dresdner Bauten gesehen hatten. – In den Neubauten der großen spätbarocken Kirchen von Papstdorf (1786/87) und von Lohmen (1786/89) wurden Konzeptionen George Bährs weiterentwickelt. Die innere Ausgestaltung in Lohmen ist klassizistisch, ebenso in den Kirchen von Markersbach (heute Bahratal, 1801), Börnersdorf (nach 1812), Breitenau (1817), Königstein (1811/23) und Langenwolmsdorf (1846).

In manchen Kirchen sind (durch Neu- und Umbauten, durch Erweiterungen oder durch Neuausstattungen) Zeugnisse aus verschiedenen Stilepochen vereinigt, so daß sich deren Aufeinanderfolge gut beobachten läßt. So finden wir in der Kirche von Struppen Bauteile, die aus der Romanik, Gotik, Renaissance und Barockzeit stammen. Auch die Kirchen von Bad Gottleuba, Langenhennersdorf, Ottendorf und Stürza enthalten bauliche Relikte aus verschiedenen Jahrhunderten.

In Hohnstein wurde 1699 der Klavierbauer und Organist Christoph Gottlieb Schröter († 1782) geboren. Aus Rosenthal stammte der Komponist und Dresdner Kreuzkantor Gottfried August Homilius (1714–1785), ein Sohn des dortigen Pfarrers. Er war ein Schüler Johann Sebastian Bachs. In Königstein wuchsen mehrere bedeutende Musiker auf, unter denen der Komponist und Kreuzkantor in Dresden Julius Otto (1804–1877) besonders bekannt geworden ist. Er komponierte nicht nur Kirchenmusik, sondern auch Chöre für Männergesangvereine.

Seit dem Ende des 18. Jahrhunderts wurde das abgelegene, unwegsame Gebirgsland ganz neu geschätzt. Seit 1766 wanderten die an der Dresdner Kunstakademie tätigen Schweizer Maler Anton Graff und Adrian Zingg in das Gebirge und zeichneten die Felsen. Sie gaben dem Sandsteinländchen wohl zuerst den Namen »Sächsische Schweiz«, der sich seit 1783 gedruckt nachweisen läßt. Eine erste Beschreibung der Landschaft verfaßte der Pfarrerssohn aus Struppen, Predigtamtskandidat in Hohnstein und spätere Pfarrer in Neustadt Wilhelm Lebrecht Götzinger (1758–1818). Von Götzinger beeinflußt war der Lohmener Pfarrer Carl Heinrich Nicolai, dessen »Wegweiser durch die Sächsische Schweiz« 1801 erstmals erschien. So wurde die Sächsische Schweiz mit dem Erstarken des bürgerlichen Selbstbewußtseins und durch das Naturgefühl der deutschen Romantik »entdeckt«. Daran hatten neben Malern des 18., 19. und 20. Jahrhunderts einheimische Pfarrer wesentlichen Anteil. Das Gebirge wurde im Laufe der Zeit zu einer beliebten Ausflugs- und Erholungslandschaft mit zahlreichen Sommerfrischen und Kurorten, dem Kneippkurort Berggießhübel und den Heilbädern Bad Schandau und Bad Gottleuba. Trotz Versuchen, die wissenschaftlichere Bezeichnung »Elbsandsteingebirge« einzuführen, ist der Name »Sächsische Schweiz« volkstümlich und vorherrschend geblieben.

Zur Erschließung des einst schwierig zu passierenden Gebiets trugen die verbesserten Verkehrsbedingungen wesentlich bei. Seit 1837 leiteten Dampfschiffe auf der Elbe eine neue Epoche ein. Unter ihnen waren später die von Dresden aus eingesetzten Personendampfer der »Weißen Flotte«, auf denen noch heute zahlreiche Urlauber und Ausflügler die schöne Elblandschaft genießen. Seit 1851 führt die Eisenbahnlinie von Dresden nach Bodenbach (heute Děčín) und weiter nach Prag an der Elbe entlang mitten durch die Sächsische Schweiz. Sie wurde zu einer der von Personen und Gütern am meisten befahrenen Bahnlinien ganz Deutschlands und seit 1949 der DDR. Seit 1976 ist diese Hauptlinie elektrifiziert. Von ihr gehen weitere Eisenbahnlinien aus: seit 1877 Pirna – Neustadt (früher bis Sebnitz) und Bad Schandau – Sebnitz. Von 1880 an bestand eine Bahnlinie Pirna – Berggießhübel, die von 1905 an bis Bad Gottleuba führte. Auf dieser Linie wurde der Gesamtverkehr 1975 eingestellt. Das Netz der Verkehrsstraßen wurde ausgebaut. Besonders wichtig sind die Straßen Pirna – Königstein – Bad Schandau – Děčín (ČSFR) und Pirna – Berggießhübel – Hellendorf – Ústí (ČSFR).

Als Verwaltungsbehörde trat an die Stelle mehrerer Ämter (bzw. seit 1856 Gerichtsämter) 1873/74 für die gesamte Sächsische Schweiz und ihre Nachbargebiete die Amtshauptmannschaft Pirna. Seit 1952 bestehen an ihrer Stelle die beiden Kreise Pirna und Sebnitz.

Ein Teil der Bevölkerung der Sächsischen Schweiz lebt heute vom Fremdenverkehr. Von der Industrialisierung ist das Gebirge selbst nur wenig erfaßt worden. Moderne Großindustrien liegen an seinem Rande in und um Pirna, in Sebnitz und in Neustadt, daneben auch in Königstein. Die dortigen Fabriken haben nicht nur für ihre Städte Bedeutung. Viele ihrer Mitarbeiter kommen als Pendler aus den umliegenden Dörfern auf einem oft sehr weiten täglichen Weg zu ihrer Arbeitsstätte. Seit den siebziger Jahren des 19. Jahrhunderts gewann die seit etwa 1834 im Raum Sebnitz – Neustadt heimische Kunstblumenherstellung durch die Vergabe von Heimarbeit große wirtschaftliche Bedeutung für weite Gebiete der Sächsischen Schweiz.

Der Kirchenbau des 19. Jahrhunderts stand auch in der Sächsischen Schweiz im Zeichen einer romantischen Erneuerung historischer Vorbilder. Daher haben die Kirchen von Saupsdorf (1842), Cunnersdorf (1854/55) und Rosenthal (1856) neuromanische Rundbogenfenster, flache Satteldächer und hohe, schlanke Türme. In ihrem Innern dagegen erinnern sie durch ihre helle Ausmalung, ihre Emporen an den Längsseiten und ihre Kanzelaltäre an die Predigtkirchen des 18. Jahrhunderts.

Im letzten Viertel des 19. Jahrhunderts wurde vor allem die Gotik zum stilistischen Vorbild für neue Kirchenbauten. Dabei wurde der Chor sichtbar vom Kirchenschiff abgehoben und der Altar betont. In der Sächsischen Schweiz wurden solche neugotischen Kirchen errichtet in Berggießhübel 1874 nach Plänen von Hugo Altenbach, Leipzig, in Krippen 1881/82 und in Neustadt 1884, beide von Gotthilf Ludwig Möckel, Dresden. Die 1883 von Christian Friedrich Arnold, Dresden, in Stadt Wehlen erbaute Kirche ist neuromanisch. Wie bei den gotischen Kirchen ist auch hier der Turm schlank und spitz und die Chornische erhöht. 1892 erhielt die Kirche von Friedrichswalde einen neugotischen Westgiebel und Turm. In Stolpen stammt der neubarocke Kirchturm von 1899. Historischen Stilen nachgeahmt ist die von Baumeister Theodor Quentin, Pirna, errichtete Kirche in Porschdorf aus den Jahren 1903/04.

1914/16 erbaute man die kleine Hospitalkirche in Pirna am heutigen Ernst-Thälmann-Platz im Jugendstil. Die Stadtkirche von Sebnitz erhielt 1928 einen hohen Turm.

Seit dem 19. Jahrhundert zogen immer mehr Katholiken zu, vor allem in Pirna und anderen Städten, oder sie hielten sich in der Sächsischen Schweiz zur Erholung auf. Die Zahl wuchs besonders nach dem zweiten Weltkrieg an, als hier viele Umsiedler eine neue Heimat fanden. Bereits seit 1827 gab es eine katholische Pfarrgemeinde in Pirna, die 1865/69 einen neugotischen Kirchenbau errichtete. Weitere katholische Pfarrgemeinden wurden in Sebnitz 1888, in Königstein 1923, in Bad Schandau 1927, in Neustadt 1944 und in Berggießhübel 1953 gegründet. Gottesdienste und Gemeindeveranstaltungen wurden überall zunächst in ehemaligen Wohnhäusern gehalten. Dann wurden katholische Kirchen erbaut: in Sebnitz 1892 in neugotischem Stil, in Königstein (seit 1905 Pfarrvikarie von Pirna) 1912, in Berggießhübel sowie in Neustadt 1928 in neugotischem Stil. Seit 1956 dient die Dominikanerkirche in Pirna dem katholischen Gottesdienst.

Evangelische Kirchen wurden 1973/75 in Helmsdorf und 1985/88 in Pirna-Sonnenstein errichtet. In Helmsdorf baute die Gemeinde 1980/87 einen neuen Glockenträger.

Die meisten Kirchen der Sächsischen Schweiz bestehen schon seit vielen Jahrhunderten. Generationen von Menschen haben hier ihre Gottesdienste und Feste gefeiert. Die Kirchen, steinerne Zeugen der allgemeinen und der Kirchengeschichte, werden durch den Opfersinn ihrer Gemeinden sowie durch die Hilfe der staatlichen Denkmalpflege erhalten. An sehr vielen Kirchenbauten wurden in den letzten Jahrzehnten mit großer Hingabe notwendige Reparaturen und Restaurierungsarbeiten durchgeführt, an denen Gemeindeglieder durch Geldspenden mitgewirkt und in ungezählten Aufbaustunden mitgearbeitet haben.

Wer in der Sächsischen Schweiz ein Wochenende oder einen Urlaub verbringt, den will dieses Bändchen dazu anregen, auch die Kirchen dieses schönen Wandergebietes zu besuchen. Kirchen sind nicht nur Kunst- oder Kulturdenkmäler, sondern vor allem Stätten der Andacht, des Gotteslobes und der Begegnung. Sie laden jedermann zur stillen Andacht ein. »Sei fünf Minuten still!« So ist es in manchen Kirchen der Sächsischen Schweiz zu lesen. Mögen wir in solcher Stille Gottes Hilfe finden und Kraft schöpfen, unsere Aufgaben und Probleme zu bewältigen und auch anderen beizustehen! Dazu will uns die gute Nachricht von Jesus Christus Mut machen und stärken, die in den Gottesdiensten und durch Kunstwerke verkündigt wird. Außer Gottesdiensten bieten Kirchen in der Sächsischen Schweiz auch Konzerte, Besichtigungen sowie Vortrags- und Gemeindeabende an, vor allem in den Sommermonaten.

Die Orgeln in der Sächsischen Schweiz

Fast alle Kirchen in diesem Gebiet besitzen eine Orgel. Die Orgeln wurden überwiegend im 19. und 20. Jahrhundert gebaut. Entsprechend der Größe der Kirchen handelt es sich bei den für den gottesdienstlichen Gebrauch konzipierten Orgeln um ein- oder zweimanualige Werke mit selten mehr als 20 Registern. Eine ganze Reihe von ihnen erklingt in den Sommermonaten auch in Orgelkonzerten, die vor allem auch von Urlaubern und Ausflüglern besucht werden.

Von besonderer historischer Bedeutung sind die Orgeln in Dittersbach (1726) von Gottfried Silbermann, in Struppen (1746) von Johann Ernst Hähnel und in Lohmen (1789) von Johann Christian Kayser. In enger Beziehung zu Johann Sebastian Bach steht die aus Stöntzsch bei Borna stammende Orgel in Hohnstein (1732).

Kunstgeschichtlich bedeutende Orgelgehäuse als wertvolle Ausstattungsstücke werden bei den entsprechenden Kirchen genannt. Die Orgelgehäuse aus dem 19. Jahrhundert sind schlichter in ihrer Gestaltung und nur selten mit Schnitzwerk verziert. Beim Bau von Orgelgehäusen vor und um 1900 wurden Neostile verwendet. Auch diese lange Zeit unbeachtete Epoche sollte nicht übersehen werden. Bei mehreren Orgelneubauten im 20. Jahrhundert blieben barocke Gehäuse, zum Teil verändert, erhalten (Bad Gottleuba, Ottendorf-Friedrichswalde, Reinhardtsdorf, Stolpen). Eine Reihe von Orgeln besitzt aber sogenannte Freipfeifenprospekte, bei denen die Pfeifen nicht von einem Gehäuse umgeben sind.

Der größte Teil der Orgeln stammt aus den Werkstätten von Hermann Eule, Bautzen (gegr. 1872) und Gebr. Jehmlich, Dresden (gegr. 1808). Eine bedeutende Orgelbauwerkstätte war auch die Firma Jahn, Dresden, die 1933 erloschen ist.

Zu nennen ist auch der im Gebiet der Sächsischen Schweiz ansässige Orgelbauer Karl August Schröter (1821–1884), Pirna, er war vermutlich Schüler von Friedrich Nikolaus Jahn, Dresden. Von ihm sind bisher zehn Orgelneubauten bekannt. – Aus den Werkstätten von Christian Gottfried Herbig (1772–1850) und seinem Sohn Wilhelm Leberecht Herbig (Lebensdaten unbekannt) gingen etwa 17 Orgelneubauten hervor, darunter acht für Kirchen in der Sächsischen Schweiz. Von diesen sind fünf erhalten. Diese solide gebauten Orgeln klingen kräftig, fast derb, erlauben aber auch die Ausführung älterer Orgelliteratur. Die Orgelbauer Herbig waren in Altstadt und Langenwolmsdorf bei Stolpen ansässig. Die Bewahrung und Pflege ihrer Orgeln sollte ein besonderes Anliegen der Gemeinden sein.

Die größte und klanglich bedeutendste Orgel in der Sächsischen Schweiz mit drei Manualen und 55 Registern besitzt die Marienkirche in Pirna. Hier finden neben Aufführungen großer kirchenmusikalischer Werke für Chor und Orchester regelmäßig Orgelkonzerte in den Sommermonaten statt.

Um die Angaben zu den einzelnen Orgeln knapp zu halten, wurde die Anzahl der Manuale mit römischen und die der Register mit arabischen Ziffern angegeben (z. B. II/17 = zwei Manuale und 17 Register). Sofern nicht anders vermerkt, handelt es sich bei den Orgeln um Werke mit Schleifladen und mechanischer Traktur. Die Angabe »pneumatische Traktur« beinhaltet gleichzeitig das Vorhandensein von Kegel- oder Taschenladen. Auf die Wertigkeit der Orgelgehäuse wurde bereits hingewiesen. – Im allgemeinen befinden sich die Orgeln auf einer Empore gegenüber dem Altar. Nur ein davon abweichender Standort wird im Text erwähnt. – Verschiedene Orgeln wurden seit ihrem Bau durch Austausch von Registern klanglich verändert. Diese Veränderungen sind meist nicht vermerkt. – Das Fehlen einer Orgel wird nicht ausdrücklich erwähnt.

Beschreibungen der Kirchen in den einzelnen Orten

(in alphabetischer Folge)

Einwohnerzahlen der Orte werden nach dem Stand vom 31. 12. 1987 angegeben.

Nur wenige Kirchen der Sächsischen Schweiz haben zwei oder drei Schiffe. Ist die Kirche einschiffig, so wird dies nicht ausdrücklich bemerkt. Ebenso werden einstöckige Emporen nicht besonders als solche gekennzeichnet.

Altstadt

s. Stolpen, Ortsteil Altstadt

Bad Gottleuba, Petrikirche

Der Ort liegt südlich von Pirna im engen Tal der Gottleuba. Er ist wohl erst nach 1300 als Bergsiedlung entstanden und wird mit seiner Pfarrkirche 1363 genannt. Wie Pirna kam das Städtchen 1405 von Böhmen an die Markgrafschaft Meißen. Die Einwohner trieben bis ins 19. Jh. Eisen- und Silberbergbau. Seit 1828 wurde Gottleuba zum Heilbad. Hier werden vor allem Herz- und Kreislauf- sowie rheumatische Erkrankungen durch Kuren behandelt. Seit 1937 heißt es Bad Gottleuba. 1927 richtete ein Hochwasser schwere Zerstörungen an. Die 2290 Einwohner arbeiten teilweise in den hiesigen Fabriken.

Die Kirche unterstand bis zur Reformation dem Dekanat Aussig (Ústí) im Erzbistum Prag. Das Patronat übten bis 1405 böhmische Lehnsherren aus, danach die Markgrafen von Meißen. Zahlreiche Nachbarorte wurden eingepfarrt, darunter Berggießhübel bis 1676. Schwesterkirchen sind heute Markersbach (Bahratal) und Oelsen.

Die Petrikirche liegt am Berghang südöstlich der Stadt. Der Unterbau des Turms an der Südwestecke der Kirche, wahrscheinlich auch der Chorraum und das Torhaus sind Teile einer Wehranlage des beginnenden 13. Jh. Am Turm sind noch schmale Schießscharten erkennbar. Das Schiff wurde 1524 zwischen Turm und Chor als Verbindung eingebaut. Der gotische, quadratische Chorraum besitzt Kreuzrippengewölbe, deren Rippen auf vier maskenartigen Köpfen ruhen. In den Gewölbefeldern befinden sich Fresken des 16. Jh. mit Evangelistensymbolen und Aposteln aus der Cranachschen Schule. Dazu wurde die Wandmalerei der Heiligen Drei Könige erst 1903 von Paul Perks, Dresden, hinzugefügt. Das Kirchenschiff hat drei Joche und schöne spätgotische Gewölbe. Gotisch sind auch die Maßwerkfenster und zwei Portale an der Nordseite der Kirche. Das Portal zum Chor ist mit Baumstämmen und ornamentalem Astwerk geschmückt; das zum Schiff mit einer Vorhalle bildet den Zugang zur Kirche. Die Laterne und Haube des Turms sind (nach der Jahreszahl der Wetterfahne) 1794 hinzugefügt worden. – Der Altartisch, die Kanzel und der Taufstein aus dem 19. Jh. sind neugotisch. – Das barocke Orgelgehäuse unbekannter Herkunft aus der Zeit um 1700 enthält heute ein Werk (II/16 – pneumatische Traktur) der Gebr. Jehmlich, Dresden. Das Gehäuse wurde 1908 zurückhaltend seitlich erweitert. – Der Kronleuchter im Altarraum stammt aus dem 16. Jahrhundert. Zwei Kelche des 16. und 18. Jahrhunderts sind erhalten. – 1982/86 wurde die gesamte Kirche außen und innen restauriert. Dabei wurde die Turmspitze verändert.

Abb. S. 80–82

Bad Schandau, St.-Johannis-Kirche

Der an der Einmündung der Kirnitzsch in die Elbe gelegene Ort wird erst 1437 urkundlich genannt und bald darauf 1445 als Städtchen bezeichnet. Die Einwohner trieben Handel vor allem mit Holz, Steinen, böhmischem Getreide und mittelelbischem Salz. Diese Waren wurden mit Schiffen auf der Elbe transportiert. Bezeichnenderweise stellt das Wappen der Stadt ein Segelschiff dar. Seit dem 16. Jh. gab es hier auch Schiffsbau und Leineweberei. Im 19. Jh. entwickelte sich Schandau zu einem Kurort und zur Sommerfrische, zum Eisenbahnknotenpunkt und zur Grenzzollstation. Seit 1920 heißt es Bad Schandau. Die Stadt hat 3600 Einwohner.

Bis 1459 und wieder von 1539 bis 1545 war die Kirche von Schandau Filialkirche von Lichtenhain. 1545 kamen Rathmannsdorf (von Lichtenhain) sowie Ostrau und Postelwitz (von Reinhardtsdorf) zur Schandauer Parochie.

Die ältere Stadtkirche erhielt 1645 einen massigen quadratischen Westturm als Glockenturm und zugleich als Zufluchtsstätte der Einwohner, wie das der damalige Pfarrer Graf aus Siebenbürgen von den Wehrkirchen seiner Heimat her kannte. 1668/71 wurde das Kirchenschiff in seinem jetzigen Umfang neu erbaut. Einem Stadtbrand im Jahre 1704 fiel auch die Kirche zum Opfer. Beim Wiederaufbau wurden die Kirchenmauern durch Stützpfeiler verstärkt. Der Neubau des Kirchenschiffes wurde 1709, der des Kirchturms unter Verwendung des Unterbaus mit einer barocken Turmhaube und Laterne 1711 abgeschlossen.

1876/77 wurde der Innenraum völlig neu gestaltet mit Kassettendecke, einstöckigen Emporen und farbigen Fenstern im Altarraum. – Der Turm wurde 1978/80 grundlegend renoviert.

Ein hervorragendes Kunstwerk ist der dreigeschossige Renaissancealtar von Hans Walther II, Dresden (1574/79). Er stand zunächst in der Dresdner Kreuzkirche, bis diese im Siebenjährigen Krieg 1760 zerstört wurde, danach von 1768 bis 1902 in der Dresdner Annenkirche. Seit 1927 befindet er sich in der Kirche in Bad Schandau. Seine zwei Geschosse werden von korinthischen und ionischen Säulen getragen. Im Hauptfeld sehen wir ein Relief des Abendmahls. Ein kleineres Relief darunter am Altartisch zeigt das alttestamentliche Passamahl. Im Obergeschoß stehen rechts und links von dem gekreuzigten Christus zwei Engel mit den Symbolen des Leidens: Geißelsäule und Kreuz. Dazwischen erinnern die römischen Ziffern I bis X an die Zehn Gebote. Über dem Gekreuzigten breitet Gott Vater segnend seine Arme aus; die Taube vor ihm symbolisiert den Heiligen Geist. Auf der obersten Spitze des Altars steht der auferstandene Christus mit der Siegesfahne. In den oberen Geschossen sitzen beiderseits die vier Evangelisten; unten stehen zwischen den Säulen Symbolgestalten der leidenden und siegenden Kirche, rechts außen Johannes der Täufer und links außen der Apostel Paulus.

Die barocke Sandsteinkanzel von 1705 wird von der Gestalt des Mose, erkennbar an den Gesetzestafeln, getragen. An ihrer Brüstung sehen wir Christus mit der Weltkugel und die vier Evangelisten. Der Taufstein stammt von 1737. – Der spätgotische Schmerzensmann ist eine Schnitzarbeit aus dem 15. Jahrhundert. Rechts unterhalb der Kanzel gedenkt die Gemeinde der Opfer zweier Weltkriege. – 1927 errichteten Gebr. Jehmlich, Dresden, eine neue Orgel (II/37) mit pneumatischer Traktur und einem Freipfeifenprospekt.

Am Haupteingang der Kirche finden wir im Kirchenschiff Hochwassermarken seit 1784. Oft ist das Wasser der Elbe in die Kirche eingedrungen, am schlimmsten 1845, als es fast bis zum obersten Rand der Kanzelbrüstung reichte. Letztmalig stand Hochwasser 1940 in der Kirche. Abb. S. 12, 83–86

Bad Schandau, katholische Kirche

Die katholische Pfarrei besteht seit 1927. Von 1932 bis 1948 waren die Pfarreien Bad Schandau und Königstein vereinigt; der Pfarrer wohnte in Bad Schandau. Seit 1988 wird Königstein durch den Pfarrer von Bad Schandau mit verwaltet, doch bleiben beide Pfarreien selbständig bestehen. Von Bad Schandau aus werden Gottesdienste in Hohnstein, Porschdorf, Reinhardtsdorf und Lichtenhain gehalten.

Die Kapelle »Maria Mittlerin aller Gnaden« ist im Erdgeschoß einer früheren Villa in der Nähe des elektrischen Aufzuges nach Ostrau eingebaut. Das würfelförmige Gebäude mit flachem Satteldach ist an seiner Giebelseite durch antikisierende Stilelemente reich gegliedert. Das Erdgeschoß öffnet sich in fünf Rundbögen auf viereckigen Pfeilern. Im Obergeschoß tragen vier ionische Säulen ein Gesims, auf dem ein Dreiecksgiebel ruht. Die Säulen sind durch eine Brüstung miteinander verbunden. 1966 wurde der Gottesdienstraum umgebaut und erweitert. Das Altarkreuz und zwei Statuen von Heiligen in der Taufkapelle sind Arbeiten des 20. Jh. aus Oberammergau. Ein Kreuzweg mit Symbolen wurde nach 1970 von dem Dresdner Künstler Alfons Garn gestaltet.

Abb. S. 87

Bahratal
(bis 1970 Markersbach)

Der südöstlich von Bad Gottleuba im Tal der Bahra gelegene Ort wurde 1970 durch Zusammenlegung von Markersbach und Hellendorf gebildet. Das Waldhufendorf Markersbach wird 1363 erstmals genannt. Es war einst ausschließlich ein Bauerndorf. Heute sind auch Wald- und Sägewerksarbeiter sowie Gewerbetreibende hier tätig. Zahlreiche Werktätige arbeiten in der Hellendorfer Metallwarenfabrik. Von Hochwasserfluten wurde Markersbach in den Jahren 1897, 1927 und besonders 1957 schwer heimgesucht. Bahratal hat 940 Einwohner.

Eine Kirche in Markersbach ist urkundlich seit 1363 bezeugt; sie unterstand dem Erzbistum Prag. Bis 1928 war Markersbach Pfarrkirche, danach Schwesterkirche von Oelsen. Heute ist sie zugleich mit Oelsen als Schwestergemeinde an Bad Gottleuba angeschlossen.

Eine im 13. Jahrhundert errichtete Kapelle wurde im Dreißigjährigen Krieg, wohl 1632, von durchziehenden Soldaten zerstört. 1650 erbauten die Einwohner die jetzige Kirche, noch ehe sie ihre eigenen ebenfalls zerstörten Häuser hergestellt hatten. Über dem Westgiebel wurde der achteckige Dachreiter mit geschweifter Haube 1716 hinzugefügt; er wurde 1801 erneuert. Die 1838 restaurierte und umgebaute Kirche ist ein flachgedeckter Saalbau mit Satteldach. Im Inneren finden wir Emporen. Das Altarkreuz stammt aus der Barockzeit. Der Kanzelaltar mit zwei Doppelsäulen und einem Dreiecksgiebel ist klassizistisch. Das Gottesauge oberhalb der Kanzel mahnt an die Allgegenwart Gottes und daran, daß die Menschen unter seiner Liebe leben. – Die Orgel (I/11) wurde 1844 von Christian Gottfried Herbrig, Altstadt, und Wilhelm Leberecht Herbrig, Langenwolmsdorf, erbaut.

Eine Grabtafel der Familie von Köckeritz aus der zweiten Hälfte des 16. Jh. steht an der Altarwand. Eine Hochwassermarke in der Eingangshalle der Kirche erinnert an das Hochwasser von 1957. – Die Kirche wurde 1970/71 außen und 1978 innen erneuert.

Abb. S. 88, 89

Berggießhübel, Kurort

Die kleine Stadt liegt reizvoll in einer Talweitung an der mittleren Gottleuba. Sie wird 1450 erstmals genannt und entstand als Bergmanns- und Hüttensiedlung. Daher führt sie den mit Schlägel und Hammer arbeitenden Häuer im Wappen. 1548 erhielt Berggießhübel Stadtrecht. An der Paßstraße von Böhmen nach Sachsen gelegen, erlitt es Schäden 1429 in den Hussitenkriegen, im Dreißigjährigen Krieg und 1813 durch Truppendurchzüge. 1717 und 1722 wurden in Berggießhübel Heilquellen entdeckt. Daraufhin ließ der Vorwerksbesitzer Tüllmann 1722 ein Badehaus bauen und erwirkte 1731 für sein Bad und den Gesundbrunnen ein landesherrliches Privileg. Bald weilten hier jährlich etwa 300 Kurgäste. Nach Rückschlägen hob sich der Kurbetrieb seit 1875 wieder, vor allem aber seit 1934, als Berggießhübel Kneippkurort wurde. – Hochwasserfluten der Gottleuba richteten immer wieder schwere Schäden an. 1927 zerstörte eine Flutwelle das Städtchen fast völlig. Durch den Bau von Rückhaltebecken und Talsperren hat man solchen Katastrophen vorgebeugt. – Berggießhübel hat 940 Einwohner.

Die Kirche war bis 1676 eine Filiale von Gottleuba und wurde erst dann zur Pfarrkirche erhoben. – Das jetzige Gebäude entstand in den Jahren 1875/76, nachdem sein Vorgängerbau aus dem 16. Jh. 1874 abgebrannt war. Der neugotische Bau stammt von dem Architekten Hugo Altendorf aus Leipzig. Es ist ein flachgedeckter Saalbau mit gewölbtem Chor und einer sich rings um das Schiff ziehenden Empore. Der Turm an der Westseite trägt eine spitze Haube. – Das Inventar ist neugotisch. Die Kanzel und das Lesepult sind mit Maßwerk verziert. Die Orgel (II/19) von 1878 stammt aus der Werkstatt der Gebr. Nagel, Großenhain. Das Gehäuse ist neugotisch gestaltet. – Die Kirche wurde 1968 renoviert.

Abb. S. 90

Berggießhübel, Katholische Pfarrkirche

Die katholische Lokalkaplanei St. Antonius von Padua wurde 1946 gegründet und ist seit 1953 Pfarrei. Die Kirche, 1928 errichtet, ist mit einem Altar, einer Darstellung des Kreuzweges Jesu Christi, einer Marienstatue und einem Farbglasfenster mit einer Heilig-Geist-Darstellung ausgestattet.

Börnersdorf-Breitenau, Ortsteil Börnersdorf

Börnersdorf liegt südlich von Liebstadt in einer Quellmulde des Molchgrundbaches. Das Waldhufendorf wird 1439 erstmals genannt. Es blieb vorwiegend ein Bauerndorf. Von 1874 bis 1952 gehörten Börnersdorf und Breitenau als einzige der hier beschriebenen Orte zur Amtshauptmannschaft Dippoldiswalde statt zu Pirna. 1972 wurde Börnersdorf mit Breitenau zu einer politischen Gemeinde im Kreis Pirna vereinigt, die 590 Einwohner zählt.

Kirchlich gehörte Börnersdorf bis 1682 zu Liebstadt, wurde dann Filialkirche von Liebstadt und 1702 eine selbständige Pfarrkirche, zu der auch Hennersbach und Lichtenberg gehören. Von 1927 bis 1975 war die Kirche von Breitenau Filialkirche von Börnersdorf; seit 1976 sind beide nun Schwesterkirchen von Liebstadt.

Der 1674 geweihte Kirchenbau von Börnersdorf ist ein schlichter, einschiffiger Saalbau mit Tonnengewölbe und Emporen an drei Seiten. Nachdem ihr Dachreiter durch Blitzschlag zerstört wurde, erhielt die Kirche 1865 den massigen quadratischen Westturm mit kupfergedecktem Pyramidendach und einer Laterne, die mit einer Kegelspitze bekrönt ist. – Im Inneren finden wir einen klassizistischen Kanzelaltar aus Holz, der von zwei korinthischen Säulen flankiert wird, die vor Doppelpilastern stehen. Auch der Taufstein ist klassizistisch. – Die 1846 von Karl August Schröder, Pirna, erbaute Orgel wurde 1933 unter Beibehaltung des Gehäuses durch die Firma Barth und Boscher, Dippoldiswalde, pneumatisch umgebaut (II/18).

Unter dem Fenster rechts vom Altar befindet sich das Barockepitaph eines Pfarrers von 1746. Sechs klassizistische Grabdenkmäler in der Vorhalle stammen aus der Zeit um 1830.

Abb. S. 91, 92

Börnersdorf-Breitenau, Ortsteil Breitenau

Breitenau liegt südwestlich von Gottleuba an der Grenze zur ČSFR. Das Waldhufendorf wird im Jahre 1403 erstmals erwähnt. Es lag an der als »Kulmersteig« bekannten viel benutzten Paßstraße. Das brachte dem Ort im Frieden Wohlstand, in Kriegszeiten aber Not und Elend. So wurde die Bevölkerung im Jahre 1813 von etwa 300 Einwohnern auf 180 dezimiert. Viele Einwohner arbeiten in den Fabriken von Glashütte oder Pirna.

Eine Pfarrkirche wird 1414/15 bezeugt. Seit 1927 ist sie Filialkirche von Börnersdorf. Eingepfarrt waren und sind Oelsengrund und Walddörfchen. 1540 bis 1850 war Oelsen eine Filialkirche von Breitenau. Seit 1976 gehört Börnersdorf mit Breitenau als Schwesterkirchgemeinde zu Liebstadt.

Eine wohl aus dem 17. Jh. stammende Kirche brannte während der Befreiungskriege 1813 zusammen mit dem Pfarrhaus ab. Der Wiederaufbau erfolgte 1817. Der schlichte klassizistische Saalbau mit Tonnengewölbe, halbrunder Apsis und vorgebautem Westturm ähnelt der benachbarten Kirche in Börnersdorf. Wie diese besitzt auch die Breitenauer Kirche einen klassizistischen Kanzelaltar mit flankierenden Säulen und einem klassizistischen Taufstein. Das Gestühl ordnet sich wie in Oelsen halbkreisförmig zum Altarraum hin. Die Orgel (II/14) wurde 1875 von Karl Traugott Stöckel, Dippoldiswalde, gebaut.

Abb. S. 95, 96

Borna-Gersdorf

Das nordöstlich von Liebstadt in einer Seitenmulde des Bahratals gelegene Waldhufendorf Borna wurde 1388 erstmals erwähnt. Die Bauern von Borna zogen schon seit 1551 reiche Gewinne aus dem Kalkabbau und Kalkbrennen, bis die Brüche Anfang des 20. Jh. erschöpft waren. Nach 1945 wurde der VEB Kalkwerk Borna eröffnet. Das Dorf ist seit 1971 mit Gersdorf zu einer politischen Gemeinde vereinigt, die 760 Einwohner zählt.

Die Kirche wird schon im 14. Jh. erwähnt. Im Mittelalter war sie Pfarrkirche, seit der Reformation jahrhundertelang Filialkirche von Liebstadt. Seit 1977 ist sie Schwesterkirche von Ottendorf-Friedrichswalde.

Der heutige Kirchenbau wurde 1753 errichtet. Er ist in der Landschaft weithin sichtbar. Vor den flachgedeckten Saalbau ist der Westturm vorgebaut, der mit einer geschweiften Haube abgeschlossen ist. Im Schiff hat die Kirche hohe, schmale Korbbogenfenster. An der Ost-, Süd- und Nordseite wurden die Sakristei und zwei Logen angebaut. Klassizistische Malereien der zweiten Hälfte des 19. Jh. zeigen an der Decke Evangelistensymbole. Die Emporen sind kassettiert, jedoch ohne Bilder. Die Malereien in der Kirche werden 1990 restauriert werden. – Den prächtigen barocken Kanzelaltar aus buntem, teilweise am Ort selbst gefördertem Marmor schuf im Jahre 1756 der italienische Hofmarmorierer in Dresden Andrea Salvatore Aglio. Neben dem Altar befindet sich in halber Höhe ein marmornes Grabdenkmal des Kirchenpatrons Johann Gottlieb von Leyßer von 1780, das vermutlich ebenfalls von Aglio stammt. Das Material für den pokalförmigen, marmornen Taufstein lieferten die Bornaer Kalksteinbrüche. – Die klangschöne Orgel (I/12) wurde 1858 von Friedrich Nikolaus Jahn, Dresden, erbaut. Sie wurde 1981 überholt.

Abb. S. 93, 94

Copitz
s. Pirna-Copitz

Cotta

Die Dörfer Großcotta und Kleincotta südlich von Pirna liegen auf einer Ebenheit. Sie haben sorbische Namen, aber die deutsche Flurform von Waldhufendörfern. Ursprünglich gehörten sie zur Burggrafschaft Dohna.

Großcotta wird 1311 erstmals genannt. Seit 1442 befand sich hier ein Rittergut. Heute sind viele Einwohner Industriearbeiter. Seit 1950 sind Großcotta und Kleincotta zu Cotta (Cotta A und Cotta B) vereinigt. Beide zusammen haben 820 Einwohner.

In die Pfarrkirche sind Kleincotta und Neundorf schon seit der Reformation eingepfarrt.

Die dem heiligen Nikolaus geweihte Kirche in Cotta A stammt aus dem Ende des 15. Jh. Der Chor mit spätgotischem Kreuzrippengewölbe ist durch einen Triumphbogen vom Schiff abgehoben. Die Apsis hat ein kleines Eingangsportal aus der Zeit um 1600. Der quadratische Turm wird durch eine schiefergedeckte Haube abgeschlossen. – Im Inneren finden wir Emporen. Die Kanzel ist neugotisch. 1878 wurde die Kirche umgebaut und im Inneren neugotisch umgestaltet. – Die Orgel (II/16) auf der südlichen Seitenempore in einem Anbau wurde 1880 von Hermann Eule, Bautzen, gebaut. Sie hat mechanische Kegelladen. – Ein silberner, vergoldeter Kelch stammt aus dem Jahre 1499. Ein kunstvolles Epitaph ist aus dem 18. Jh. erhalten.

Abb. S. 97

Cunnersdorf
bei Königstein

Das südöstlich von Königstein am Cunnersdorfer Bach gelegene Dorf wird 1379 erstmals genannt. Es war ein Waldbauerndorf. Von den 580 Einwohnern arbeiten heute viele in Industriebetrieben der Umgebung.

Die Kirche von Cunnersdorf ist Filialkirche von Papstdorf. Vorübergehend war sie 1539/80 Filialkirche von Königstein.

Schon 1430 soll hier am Südende des Dorfes eine Kapelle gestanden haben. Die jetzige Kirche an der Straße nach Pfaffendorf wurde 1854/55 ebenso wie die von Rosenthal von dem Königsteiner Maurermeister Oskar Hofmann errichtet. Der rechteckige Bau mit flachem Satteldach und schlankem, quadratischem Turm zeigt außen neuromanische Formen. Das Innere erinnert noch an spätbarocke Predigtkirchen, von denen auch die zweigeschossigen, seitlich übereinanderliegenden Emporen an den Längsseiten und der schlichte Kanzelaltar übernommen wurden. Aus dem Vorgängerbau von 1604 stammt das 1666 entstandene Altarbild einer figurenreichen Kreuzigungsszene, das hinter dem Altar aufgestellt ist. Die ursprüngliche Bekrönung des Altars, ein Bild der Grablegung, ist jetzt an der Nordwand der Kirche angebracht. – 1859 wurde die Orgel (II/17) von Karl August Schröter, Pirna, gebaut. – Die Kirche wurde 1984/88 gründlich renoviert.

Abb. S. 98

Dittersbach

s. Dürröhrsdorf-Dittersbach

Dorf Wehlen

s. Wehlen

Dürröhrsdorf-Dittersbach

Dittersbach liegt westlich von Stolpen an der Wesenitz. Das Waldhufendorf war schon 1350 Sitz einer Adelsfamilie. Das Rittergut war von 1554 bis 1744 im Besitz der Familie von Kiesenwetter. 1829/59 gehörte es dem Kunsthistoriker, Sammler und Förderer der deutschen Romantik Johann Gottlob von Quandt. Dieser war ein aufgeklärter Reformer, der in Dittersbach viele Verbesserungen einführte. Das Rittergut wurde nach 1945 Volksgut und beherbergt die LPG sowie das Lehrlingswohnheim des Volkseigenen Gutes Stolpen im Schloß. – Schon im 16. Jh. gab es außer 31 Bauern mit 31 Hufen auch zahlreiche Handwerker im Dorf. Noch heute arbeiten hier viele Tischlereien. 1668 erhielt der Ort das Recht eines Jahrmarktes, der noch heute ein beliebtes Volksfest ist. 1965 wurden die politischen Gemeinden Dittersbach und Dürröhrsdorf miteinander vereinigt. Dürröhrsdorf-Dittersbach hat 2340 Einwohner.

In die Pfarrkirche von Dittersbach sind Dürröhrsdorf, ein Teil von Niederhelmsdorf und Kleinelbersdorf eingepfarrt. 1936 wurde Wilschdorf Filialkirche (heute Schwesterkirche) von Dittersbach.

Ein mittelalterlicher Vorgängerbau brannte im Jahre 1660 ab. Nach 1662 entstand die jetzige schlichte Barockkirche. Sie besitzt im Schiff eine flache Felderdecke. Der dreiseitig geschlossene Chor ist um drei Stufen erhöht und wird von außen durch Strebepfeiler gestützt. An den Längsseiten befinden sich zweistöckige Emporen. Erst 1725 wurde der quadratische Westturm mit geschweifter Haube und spitzer, viereckiger Laterne errichtet. – Die Kirche besitzt eine barocke Kanzel vom Jahre 1662, einen klassizistischen Altar von 1843 und eine hölzerne Taufe von 1859. – Die 1726 von Gottfried Silbermann erbaute Orgel (I/14) ist fast original erhalten und wurde 1980/81 durch den VEB Eule Orgelbau Bautzen restauriert. Das barocke Gehäuse wurde in der Erbauungszeit nicht farbig gefaßt, so daß es sich noch heute in einem braunen Holzton zeigt. Das wertvolle und klangprächtige Werk zieht bei Konzerten zahlreiche Zuhörer in seinen Bann. – Erhalten ist ein Grabstein des Christian von Kiesenwetter von 1643, der in einer Seitenloge steht. Das Innere der Kirche wurde 1953 restauriert.

Abb. S. 99–101

Ehrenberg

Das Waldhufendorf liegt östlich von Hohnstein auf der Granitfläche. 1427 wird es erstmals genannt. Es hat 1130 Einwohner.

Die Kirche war bis 1664 Filialkirche von Hohnstein. Seitdem war sie bis 1978 Pfarrkirche. Seit 1979 ist sie Schwesterkirche von Hohnstein.

Erbaut wurde das Gotteshaus um 1500; der älteste Altar trägt die Jahreszahl 1516. 1723 erhielt das Gebäude den jetzigen Dachreiter und eine gemalte Holzdecke. Eine umfassende Erneuerung erfolgte 1894. Dabei verlängerte Kirchenbaumeister Theodor Quentin, Pirna, die Kirche nach Westen, indem er Steintreppen zum Chor und zu den damals neu eingebauten beidseitigen Emporen hinzufügte. Ein Triumphbogen hebt seitdem das Schiff vom Altarraum ab. An den Chor baute man eine neue Sakristei an. Die alte Sakristei an der Nordseite der Kirche diente bis in die jüngste Vergangenheit als Totenhalle. – Seit 1894 trägt ein Altaraufsatz aus französischem Kalkstein ein großes Kruzifix und christliche Symbole. Das vorherige Altarbild, ein Ölbild mit der Darstellung des Abendmahls, dient jetzt als Wandschmuck. Ein 1671 gestiftetes Taufbecken aus Zinn wird etwa seit 1894 von einem hölzernen Beckenstand eingefaßt. Die hölzerne Kanzel stammt von 1725. – Die 1881 von Hermann Eule, Bautzen, erbaute Orgel (I/10) hat Kegelladen mit mechanischer Traktur.

Abb. S. 102

Friedrichswalde-Ottendorf, Ortsteil Friedrichswalde

Der Ort liegt südlich von Pirna in einer Seitenmulde des Bahratals. Das 1311 zuerst nachweisbare Waldhufendorf Friedrichswalde war eine der ersten Rodungssiedlungen der Burggrafen von Dohna im großen Behaimer

Wald zwischen dem Königreich Böhmen und der Markgrafschaft Meißen; es hatte damals schon eine Kirche. Das Dorf war bis 1836 dem Rittergut Meusegast-Weesenstein dienst- und abgabenpflichtig. Die Bevölkerung arbeitete früher teilweise in den Kalksteinbrüchen von Borna und Nentmannsdorf, in Sandsteinbrüchen und in einer Dampfziegelei. Friedrichswalde ist heute mit Ottendorf zu einem Ort vereinigt, der 630 Einwohner zählt.

Ein Pfarrer von Friedrichswalde wird schon 1311 urkundlich genannt. Die Kirche war bis 1932 Pfarrkirche; seit 1932 ist sie Filialkirche von Ottendorf. Zu ihr gehören auch Zwirtzschkau, Niederseidewitz und Oberseidewitz.

Der Kirchenbau liegt am Talrand hoch über dem Dorfteich. Sein Turm ist weithin sichtbar. Von dem ersten romanischen Bau fand man einige Reste. Auch der Triumphbogen, der den Chor vom Schiff abhebt, scheint noch romanisch zu sein. Im 16. Jh. wurde die Kirche durch einen neuen Chor erweitert und erhielt Maßwerkfenster. Im Dreißigjährigen Krieg, 1639, brannte sie aus, war aber schon 1647 wiederhergestellt. 1892 wurden vor den rechteckigen Saalbau ein neugotischer Westgiebel und Turm vorgebaut und eine neue Sakristei errichtet. – Der Taufstein, das Kruzifix auf dem Altar und ein Schnitzaltar sind spätgotisch. Der Altar und die Kanzel sind neugotisch und stammen vom Jahre 1892. – Die 1905 von Gebr. Jehmlich, Dresden, gebaute Orgel (II/12 – pneumatische Traktur) hat ein neugotisches Gehäuse.

Abb. S. 103

Friedrichswalde-Ottendorf, Ortsteil Ottendorf

Das im 12./13. Jh. gegründete Waldhufendorf Ottendorf liegt südlich von Pirna in einer Seitenmulde des Bahratals. Es wird 1299 erstmals genannt. Ein Rittergut, das nacheinander den Familien von Bernstein, von Lindenau und von Carlowitz gehörte, bestand hier seit dem Mittelalter. Sein Schloß ist ein Renaissancebau des 16. Jh. Der vordere Bau wurde im 17. Jh. hinzugefügt und im 18. Jh. teilweise verändert. 1946 hatte der Ort 600 Einwohner. Er ist heute mit Friedrichswalde-Ottendorf vereinigt.

Die Kirche ist Pfarrkirche auch für Dohna und Gersdorf; im 16. Jh. war sie es außerdem für Hartmannsbach. Seit 1932 ist Friedrichswalde Filialkirche. Borna ist seit 1977 Schwesterkirche von Ottendorf-Friedrichswalde.

Ottendorf hat eine der schönsten Dorfkirchen Sachsens. Sie stammt aus dem 14. Jh. Der terrassenartig erhöhte Chor ist durch einen Triumphbogen abgesetzt. Ebenso wie das Schiff besitzt er Kreuzrippengewölbe und kunstvoll gebildete Maßwerkfenster vom Ende des 14. Jh. Das Portal aus dem 14. Jh. und die Tür der Sakristei vom Anfang des 16. Jh. sind erhalten. Der wuchtige Turm steht an der Nordseite im Winkel zwischen Schiff und Chor. Auf seinen quadratischen Unterbau wurde im Jahre 1900 eine kegelförmige Schieferspitze aufgesetzt. – In der Kirche wurden 1975 unter dem alten Putz mittelalterliche Fresken entdeckt und freigelegt: ein Apostelfries und Evangelistensymbole. Die Emporen im Norden, Westen und Süden vom Ende des 17. Jh. sind mit biblischen Szenen in Medaillonformen bemalt. Über der Sakristei im Norden des Chores befindet sich eine Loge mit Balusterbrüstung. Den Altar mit geschnitzten Reliefs des Abendmahls, der Kreuzigung und der Auferstehung sowie die Kanzel mit ihren Reliefs der Himmelfahrt, des Pfingstfestes, der Bekehrung des Paulus und des Weltgerichtes schuf 1591 der Holzschnitzer Franz Ditterich der Ältere. Als besonderen Schatz hütet die Kirche ein Ölbild von Lukas Cranach dem Jüngeren von 1581. Es stellt den Ottendorfer Gutsherrn Hans von Lindenau dar, der das Gut von 1585 bis 1598 besaß und den Altar sowie die Kanzel stiftete. Der Taufstein ist klassizistisch. – Das Orgelwerk (I/12 – pneumatische Traktur) wurde um 1900 in das vorhandene barocke Gehäuse eingebaut, das dabei durch Verbreiterung der Zwischenfelder seine alten Proportionen verloren hat. Die Herkunft von Gehäuse und Orgel sind nicht bekannt. – Von den vier prachtvollen Epitaphen des 18. Jh. wurden bei der Freilegung der Fresken zwei vom Chor ins Kirchenschiff versetzt. An den Außenwänden der Kirche stehen mehrere spätgotische Wappengrabsteine. – Die Kirche wurde 1974/81 gründlich renoviert.

Abb. S. 104–108

Gottleuba

s. Bad Gottleuba

Helmsdorf, Katharinenkirche

Der Ort liegt südwestlich von Stolpen an der Wesenitzaue. Das Waldhufendorf wird 1247 zuerst genannt. In Niederhelmsdorf bestand bis ins 20. Jh. ein Vorwerk, dessen Schloß heute Handwerkererholungsheim ist. Hier befindet sich auch die einzige Meisterschule des Bäckerhandwerks in der DDR. Ober- und Niederhelmsdorf sind seit 1937 zu Helmsdorf vereinigt. In der Firma Vereinigte Klebstoffwerke werden verschiedene technische Erzeugnisse, darunter Isolierband und Schiffsdeckbelag, hergestellt. Der Ort hat 960 Einwohner.

Die Kirche war bis 1892 Filialkirche von Stolpen; seitdem ist sie Pfarrkirche, zu der Altstadt als Filial- bzw. als Schwestergemeinde gehört.

Das Gebäude steht nicht in der Ortsmitte, sondern am Dorfende in Oberhelmsdorf. Von einem Bau des 15. Jh. blieben in der Sakristei gotische Kreuzrippengewölbe und ein gotischer Stützpfeiler erhalten. Ein gotisches Portal dient als Haupteingang. Das Schiff des 17. Jh., das 1846 klassizistisch verändert worden war, brannte 1969 ab, wobei auch Teile der Ausstattung zerstört wurden. 1973/75 wurde die Kirche etwas verkleinert und ohne Turm, aber mit einer Zwischendecke wiederaufgebaut. Sie ist nun Gemeindezentrum mit Kirchenraum, Gemeindesaal und Christenlehrezimmer. – Die bisherige Orgel wurde nach Langenhennersdorf umgesetzt. An ihre Stelle trat nach Abschluß des Wiederaufbaus eine Kleinorgel (I/5) der Firma Hermann Eule, Bautzen, von 1969. – 1980/87 errichtete die Kirchgemeinde in Eigenleistung den neuen Glockenträger für die zwei Glocken von 1465 und 1535.

Abb. S. 109

Hinterhermsdorf, Engelkirche

Der Ort südöstlich von Sebnitz ist auf drei Seiten von der Grenze zur ČSFR umgeben. Das Waldhufendorf wurde im 12./13. Jh. gegründet, aber erst 1445 urkundlich erwähnt. Etwa 200 Jahre lang gehörte das Dorf den böhmischen Vasallen Berka von der Duba. 1443 gelangte es zusammen mit der Herrschaft Hohnstein in kursächsischen Besitz. Viele Einwohner arbeiteten in der Forstwirtschaft. Wenn in dem wildreichen Hinterhermsdorfer Forst Hofjagden stattfanden, hatten die Einwohner des Ortes Frondienste zu leisten. Vom 17. bis 19. Jh. trieben viele Dörfler Leineweberei und Strumpfwirkerei oder stellten künstliche Blumen her. Einen besonderen Reiz des beliebten Erholungsortes bilden die vielen Umgebindehäuser mit ihren um die Wände und Fenster gestellten Pfosten und mit Winkelbändern, die das Obergeschoß stützen. Hinterhermsdorf hat 870 Einwohner.

Kirchlich gehörte Hinterhermsdorf bis 1542 nach Nixdorf (Mikulášovice) oder nach Zeidler (Brtnicky) in Böhmen, seitdem bis nach 1680 nach Sebnitz. Von 1680/82 bis 1701 war es Filialkirche von Sebnitz. Seit 1702 ist es Pfarrkirche. In diese war Saupsdorf eingepfarrt. 1842 wurde die Saupsdorfer Kirche Filialkirche von Hinterhermsdorf.

Die schlichte Kirche von Hinterhermsdorf steht auf einer Anhöhe über dem Dorf auf dem Friedhof. Sie wurde 1689 als Kapelle erbaut und im 19. Jh. erweitert. Über dem rechteckigen Saal erhebt sich ein hohes Satteldach, das einen Dachreiter mit Haube und Laterne trägt. Die ursprünglich an beiden Längsseiten bis nach vorn reichenden Emporen wurden bei einer Renovierung 1939 gekürzt, wodurch der Altarraum wesentlich heller wurde. – An dem barocken, mehrgeschossigen Altar von 1691/92 sehen wir im Hauptfeld die Kreuzigung und neben den das Bild flankierenden Säulen Medaillons der vier Evangelisten; darüber umstehen vier Posaunen blasende Engel die Auferstehungsszene. Ein Taufengel schwebt von der Decke herab. Daher wird die Kirche seit 1926 Engelkirche genannt. Die Emporen sowie die Kanzel und der Taufstein links und rechts vor dem Altar sind mit Blumen und Girlanden bemalt. – Die Orgel (II/20) von 1846 stammt wohl von Samuel Heinrich Herold. – 1976/89 wurde die Kirche umfassend restauriert.

Abb. S. 110–112

Hohnstein, Stadtkirche

Hohnstein liegt nordwestlich von Bad Schandau hoch über dem Polenztal. Die Burg war Mittelpunkt eines Territoriums, das 1333 urkundlich bezeugt ist und seit 1353 den böhmischen Herren Berka von der Duba gehörte. Diese teilten ihren Besitz 1410 in die Herrschaften Hohnstein und Wildenstein, die sie 1443/51 an den Kurfürsten von Sachsen verkauften bzw. vertauschten. Burg Hohnstein war nun Sitz eines kurfürstlichen Amtmanns, kurfürstliches Jagdschloß und ein gefürchtetes Gefängnis. 1925 wurde die Burg zur größten Jugendherberge Deutschlands. Aber schon 1933/34 wandelten die Nazis sie in ein Konzentrationslager um. Seit 1949 ist sie wieder Jugendherberge. – Die unbefestigte Siedlung am Fuß der Burg wird seit 1445 Städtchen genannt. Es hatte den Charakter eines Ackerbaustädtchens. Hohnstein hat 1130 Einwohner.

In die 1381 erwähnte Pfarrkirche sind Cunnersdorf, Goßdorf, Waitzdorf und Zeschnig eingepfarrt; bis 1539 war es auch Lohsdorf. Filialkirche war Ehrenberg bis 1664. Von 1933 bis 1972 war Rathewalde Filialkirche. Seit 1979 ist Ehrenberg Schwesterkirche von Hohnstein.

Die Kirche liegt etwas unterhalb vom Markt an der Straße ins Polenztal. Einem Stadtbrand von 1724 fiel auch die ältere Kirche zum Opfer. 1725/30 wurde die jetzige Kirche nach Plänen George Bährs und teilweise unter seiner Leitung unter Benutzung der erhaltenen Umfassungsmauern zu einem für Bähr charakteristischen Zentralbau gestaltet. Die Kirche war eine Vorstufe zur Frauenkirche in Dresden. Man tritt ein durch eine Vorhalle mit seitlichen Logen. An das quadratische Schiff schließt sich der ebenfalls quadratische Chor mit Kreuzgratgewölbe an. Über dem Chorjoch erhebt sich der quadratische Turm. Im Schiff sind die hölzernen Emporen und die Bänke halbkreisförmig auf den Altar zu angeordnet. Der 1725/30 vermutlich von dem Bildhauer Johann Gottlieb Kirchner geschaffene Kanzelportikus wird von korinthischen Säulen flankiert und von einem Kruzifix bekrönt. Davor stehen ein schlichter Altar und eine Taufe von 1640. Bei der Restaurierung von 1964/67 wurde die ursprüngliche Ausmalung wiederhergestellt. – Im Rahmen der letzten Kirchenrestaurierung wurde die 1838/40 von Christian Gottfried und Wilhelm Leberecht Herbrig, Altstadt/Langenwolmsdorf, erbaute Orgel (II/23) entfernt. Der größte Teil dieser Orgel bildete den Grundstock für die 1976 vom VEB Eule Orgelbau Bautzen fertiggestellte Orgel in der Stadtkirche Radeberg. 1967 wurde die ehemals in Stöntzsch bei Borna befindliche Orgel in Hohnstein auf der Empore über dem Altar durch die Firma Hermann Eule, Bautzen, aufgestellt. Der Ort Stöntzsch mußte wegen der dortigen Braunkohlenvorkommen aufgegeben werden. Diese Orgel, 1678 begonnen und 1732 von Johann Christoph Schmieder, Mölbis bei Borna, erweitert und umgebaut, wurde am 4. Februar 1732 nach ihrer Fertigstellung durch Johann Sebastian Bach geprüft. Nach verschiedenen Veränderungen und starkem Verfall wurde die Orgel bereits 1935 durch die Firma Hermann Eule restauriert und bei der Aufstellung in Hohnstein 1967 erneut überholt und erweitert (I/14). Das barocke Gehäuse erhielt seine ursprüngliche farbige Fassung zurück. An Wand und Decke – über und neben der Orgel – täuscht illusionistische Malerei einen Vorhang vor. – Einige barocke Grabdenkmäler stehen an der Außenwand der Kirche.

Abb. S. 113–115

Hohnstein, Kirche der Korrektionsanstalt

Im Schloß Hohnstein befanden sich das Amt (seit 1856 Gerichtsamt) Hohnstein und ein Gefängnis. Um 1860 wurde das Gerichtsamt Hohnstein auf die Gerichtsämter Neustadt und Schandau aufgeteilt und eine »Landeskorrektionsanstalt für arbeitsscheue Männer« eingerichtet, die bis nach dem ersten Weltkrieg bestand.

1866 wurde die frühere St.-Anna-Kapelle der Burg als evangelisch-lutherische Kirche eingerichtet. Hier fand alle vier Wochen auch katholischer Gottesdienst statt, an den anderen Sonntagen in einem Schulzimmer. Nach der Auflösung der Korrektionsanstalt war das Schloß 1919/24 von einer Abteilung der Gefangenenanstalt Bautzen belegt. Mit der Einrichtung der Jugendherberge 1925/26 wurde die Anstaltskirche im Schloß aufgelöst. – Die Orgel der Anstaltskirche baute 1866 Karl August Schröter, Pirna. Sie wurde 1913 durch Johannes Jahn, Dresden, umgebaut. 1945 kam sie in die evangelisch-lutherische Trinitatiskirche in Riesa und wurde 1967 durch Reinhard Schmeisser, Rochlitz, in der katholischen Kirche in Riesa aufgestellt.

Königstein, Stadtkirche

Die wohl im 13. Jh. im eng eingeschnittenen Biela- und Elbtal entstandene Burgsiedlung wurde zuerst 1379 als Städtlein genannt. Sie gehörte bis 1408 zu Böhmen und trägt daher den böhmischen Löwen im Wappen. Wirtschaftliche Bedeutung erlangte Königstein als Elbzollstation (bis 1558) sowie durch seine Samt- und Zeugweberei, Bierbrauerei und Steinbrecherei. Heute arbeiten von den 3310 Einwohnern viele in Industriebetrieben im Ortsbereich und in Pirna/Heidenau.

Das Patronatsrecht über die Kirche von Königstein übertrug König Wenzel II. von Böhmen Ende des 13. Jh. dem Deutschritterorden, der es bis zur Reformation behielt. 1321 wurde Königstein die Mutterkirche von Aussig (Ústí) genannt. Sie gehörte zum Erzbistum Prag. Zahlreiche umliegende Orte waren bzw. sind noch eingepfarrt.

Die Stadtkirche erhebt sich auf dem Schreiberberg; sie beherrscht das Ortsbild. Ihre erste Vorgängerin war wohl eine Kapelle in der Nähe der Elbe. Am jetzigen Platz stand eine kleine gotische Marienkirche vermutlich seit Anfang des 15. Jh. Um sie herum errichteten der Dresdner Ratsbaumeister Johann Gottfried Fehre und Hofzimmermeister Georg Dünnebier unter dem Einfluß George Bährs in den Jahren 1720 bis 1724 einen Barockbau. Nach seiner Fertigstellung wurde die alte Kirche abgetragen. Die Barockkirche brannte 1810 bei einem großen Stadtbrand aus. Kriegszeit und Nachkriegsnot verzögerten die Wiederherstellung. Erst 1823 konnte die Kirche wieder geweiht werden. Sie erhielt nun einen klassizistischen Innenraum.

Das äußere Bild der Kirche zeigt ihr hohes, im Osten abgewalmtes Satteldach, hohe barocke Fenster und ihren barocken Turm. Nach außen werden die hohen Mauern des Schiffes und des Chores durch Strebepfeiler gestützt, die durch geschweifte Verdachungen nach oben abgeschlossen sind. Über dem Haupteingang ist das Stadtwappen von Königstein mit dem böhmischen, doppelt geschweiften Löwen angebracht. – Im Inneren wird das Kirchenschiff an den Seiten von je zwei Emporen eingefaßt. Der klassizistische Kanzelaltar stellt die Vorderfront eines antiken Tempels dar. Auf einem Podest stehen vier hohe ionische Säulen, die ein Gebälk mit einem Dreiecksgiebel tragen. Die Ähren und Weinreben an seinem Sockel weisen auf Gleichnisse Jesu über das Weizenkorn und den Weinstock und auf Brot und Wein des Abendmahls; die Palmwedel erinnern an den Einzug Jesu in Jerusalem am Sonntag Palmarum. Zu beiden Seiten des Altars befanden sich seit der 300-Jahr-Feier der Reformation 1839 Büsten von Luther und Melanchthon. Durch herabfallenden Putz wurde die Melanchthon-Büste Silvester 1987 zerstört. – In den Fenstern sind die Wappen der Adelsfamilien von Bünau und von Bärenstein zu sehen, die einmal die Rittergüter in Prossen und Thürmsdorf bei Königstein besaßen. Der Taufstein in der Mitte des Altarplatzes ist aus erzgebirgischem Zöblitzer Serpentinstein mit eingeschlossenen, schwarz wirkenden Halbedelsteinen (Granaten) gefertigt. – Die Orgel von 1848 (II/26) aus der Werkstatt von Johann Gotthold Jehmlich, Dresden, wurde 1907 pneumatisch umgebaut und erhielt 1929 ein Rückpositiv (II/39). Umbau und Generalinstandsetzung 1958 erfolgten durch Gebr. Jehmlich. Das Gehäuse von 1848 ist erhalten. Seitlich davon und davor im Rückpositiv befinden sich freistehende Prospektpfeifen.

Abb. S. 116, 117, Schutzumschlag, Vorderseite

Königstein, katholische Marienkirche

Seit 1878 wurde in einer Kapelle auf der Festung katholischer Gottesdienst gehalten. Die Gemeinde war eine Filiale von Pirna mit einer Außenstelle in Krippen.

1910/11 wurde die Marienkirche gebaut und 1912 geweiht. Ein Marienbild in der Kirche stammt etwa von 1900. Das mittlere der drei farbigen Altarfenster, die Alfons Garn, Dresden, 1964 schuf, stellt die Rose als Symbol der Gottesmutter dar. Die Orgel (II/6) erbauten 1911 Gebr. Jehmlich.

Wie schon von 1923 bis 1932, ist die Gemeinde seit 1948 eine selbständige Pfarrei. Sie wird jedoch seit 1988 durch den Pfarrer von Bad Schandau mit verwaltet. Gottesdienste werden von hier aus auch in Rosenthal und Cunnersdorf gehalten. Struppen und Naundorf mit der Kapelle im Caritasheim St. Ursula wurden 1988 nach Pirna umgepfarrt.

Abb. S. 118, 119

Königstein, Festung

Die erstmals 1241 erwähnte Burg auf dem gleichnamigen Felsen hoch über der Elbe gehörte ursprünglich zu Böhmen, wurde 1379/91 und 1396/1404 an Thimo von Colditz verpfändet und gelangte 1406 an die Wettiner, die sie im 15. Jh. noch mehrmals verpfändeten. Vom 16. bis 18. Jh. wurde der Königstein zur stärksten Festung Sachsens ausgebaut. Heute ist die Festung mit ihrem herrlichen Ausblick Museum und ein vielbesuchtes Ausflugsziel.

Von einer romanischen Burgkapelle, die wohl nach 1200 errichtet worden ist, blieben ein ornamentierter Konsolstein und ein um 1500 erneuertes Kreuzgurtgewölbe erhalten.

Herzog Georg der Bärtige gründete auf dem Berg seit 1515 ein Cölestinerkloster. Das Kloster mußte schon 1524 wieder geschlossen werden, da sein Prior nach Wittenberg floh und fast alle übrigen Mönche das Kloster ebenfalls verließen. Die Bauten blieben ungenutzt und verfielen.

Das Gebäude der alten Burgkapelle diente seit 1584 als Pulvermagazin. 1670/76 baute es Oberlandbaumeister Wolf Caspar von Klengel zu der schlichten Garnisonkirche aus, die damals erstmals Georgskapelle hieß. Ihre kassettierte Holzdecke war mit reicher Malerei ausgestattet. 1681 erhielt sie noch den Turm, im 18. Jh. Emporen und Betstübchen. Sie wird seit 1945 nicht mehr kirchlich genutzt, diente als Lagerraum, ist renovierungsbedürftig und wird künftig als Vortragsraum ausgebaut werden.

Krippen

Das Reihendorf mit Block- und Parzellenflur liegt südlich von Bad Schandau im Tal des Krippenbachs und am linken Elbufer. Es wird 1378 erstmals genannt. 1445 und 1501 wurde Krippen als Städtchen bezeichnet. Es entwickelte sich aber nicht zur Stadt. 1940 wurden Krippengrund (aus Reinhardtsdorf), Liethengrund und Rietzschgrund (aus Kleinhennersdorf) nach Krippen eingemeindet. Der Ort hat 900 Einwohner.

Kirchlich hat Krippen immer zu Reinhardtsdorf gehört. Eine Kapelle gab es in Krippen schon 1523. Sie wurde aber erst seit dem 17. Jh. ständig benutzt und diente bis 1706 nur für Trauerfeiern. 1881/82 wurde die jetzige neuromanisch-neugotische Kirche nach Plänen des Dresdner Architekten Gotthilf Ludwig Möckel errichtet. Dieser erbaute viele Kirchen in Sachsen, darunter auch 1884 die Jakobikirche in Neustadt (Sächsische Schweiz). An den flachgedeckten rechteckigen Saalraum schließen sich auf dessen Ostseite ein kleiner Chor und südlich von diesem der Turm an, in dessen Untergeschoß sich die Sakristei befindet. Dadurch hat der Turm eine ungewöhnliche, originelle Stellung an der Südostseite der Kirche. Er hat im Unterbau einen quadratischen, im Glockengeschoß aber einen achteckigen Grundriß und eine spitze Haube. Auf der Süd- und Westseite des Schiffes sind Emporen eingebaut. – Der Altartisch mit einem Kruzifix und die Kanzel stammen aus der Bauzeit der Kirche. – Die Orgel (II/6) von Julius Jahn, Dresden, entstand ebenfalls 1882.

Abb. S. 120

Langenhennersdorf

Der Ort liegt südwestlich von Königstein am Langenhennersdorfer Bach. Er wird 1356 erstmals genannt. Schon längst ist der Anteil der Bauern an der Bevölkerung stark zurückgegangen. Viele der 1100 Einwohner arbeiten in dem nahe gelegenen Industrieballungsgebiet um Pirna/Heidenau.

Die ursprünglich der heiligen Margarete geweihte Kirche unterstand im Mittelalter dem Erzbistum Prag. Als Patronatsherr wurde von 1366 bis

1402 die böhmische Ordensballei Komotau (Chomutov) des Deutschritterordens genannt. 1495 wurde der Neubau den Heiligen Maria, Nikolaus und Martin geweiht. – In die Kirchgemeinde sind das nach Langenhennersdorf eingemeindete Dorf Bahra und der aus vielen kleinen Siedlungen vereinigte Ort Bielatal eingepfarrt.

Vom Kirchenbau des 13. Jh. blieben ein rundbogiges Stufenportal und die Umfassungsmauern des Kirchenschiffes erhalten. Ein wesentlicher Umbau erfolgte 1495. Das heutige Äußere mit Krüppelwalmdach und Dachreiter bestimmen die Umbauten von 1751/53 und 1865. 1751/53 wurde die Kirche nach Osten erweitert und erhielt zweigeschossige Emporen im Norden und Westen, die Patronatsloge mit dem Allianzwappen der Herren von Kospoth und Sebottendorf sowie die Decke. Die spätbarock-klassizistische Ausgestaltung des Innenraums mit seinen vortrefflichen Decken- und Emporenmalereien (Darstellungen des Himmels sowie zweier Putten in einer Wolkengloriole) blieb seit 1865 unverändert erhalten. Damals bekam auch der um zwei Stufen erhöhte Altarraum seine zwei Emporen. – Den vermutlich vorreformatorischen, später umgebauten Altar schmückt ein Gemälde des heiligen Abendmahls, das Hans von Kaden, Pirna, im Jahre 1595 schuf. Auch der Taufstein stammt wohl noch aus der mittelalterlichen Kirche. Die Kanzel von 1700 wurde der Malerei von 1864 angepaßt. – Die 1846 von Wilhelm Leberecht Herbrig, Langenwolmsdorf, für Helmsdorf erbaute Orgel (I/11) wurde 1971 durch Reinhard Schmeisser, Rochlitz, hierher versetzt. Sie fügt sich optisch gut in die Emporengestaltung ein. – Bemerkenswert sind zwei Grabtafeln und ein Grabstein aus dem 16. und 17. Jh.

Abb. S. 121, 122

Langenwolmsdorf

Das mehr als fünf Kilometer lange Waldhufendorf erstreckt sich östlich von Stolpen längs des Dorfbaches. Es wird 1232 erstmals erwähnt. Mit 81 Bauern, 41 Häuslern und 62 Hufen war es 1559 das größte Dorf im Amt Stolpen. Seit Anfang des 17. Jh. wird ein Freigut genannt. Langenwolmsdorf hat 1320 Einwohner.

Die Pfarrkirche des Ortes wird erstmals 1495 genannt und ist bis heute selbständige Pfarrkirche geblieben. Sie steht in der Mitte des Ortes. Im Dreißigjährigen Krieg wurde die damalige Kirche 1637 durch kaiserliche

Soldaten zerstört. Die jetzige wurde dann von 1641 bis 1652 an einer anderen Stelle neu erbaut. Sie ist ein Rechteckbau, der von einem Dachreiter gekrönt wird. Im Innern hat sie umlaufende Emporen. 1846 wurde das Innere klassizistisch umgestaltet. Aus dieser Zeit stammt der Kanzelaltar. Dessen Bild, eine Kopie von Leonardo da Vincis Abendmahl, entstand 1883. 1939 erhielt die Kirche ihren porphyrnen Taufstein. – Die größte erhaltene Orgel (II/20) von Wilhelm Leberecht Herbrig, der hier wohnte, entstand 1846. Sie wurde 1972 technisch und klanglich durch die Firma Hermann Eule, Bautzen, überholt.

Abb. S. 123, 124

Lichtenhain

Der Ort liegt südwestlich von Sebnitz auf einer Ebenheit an der Kreuzung alter Straßenzüge. Er wird 1411 erstmals genannt. Das Dorf war Mittelpunkt eines größeren Gebietes. Das zeigt noch der mächtige Dorfplatz. Als Schandau noch ein Fischerdorf war, hielt Lichtenhain schon alljährlich drei Märkte ab. Um 1550 zählte man in Lichtenhain 35 Gutsbesitzer. Noch nach 1800 war Lichtenhain ein Ausgangspunkt für den Fremdenverkehr in der Sächsischen Schweiz. Später ist Lichtenhains Bedeutung zurückgegangen. Der Ort hat 1310 Einwohner.

Die Lichtenhainer Pfarrkirche wird 1539 genannt. In die Kirchgemeinde war Rathmannsdorf bis 1545 eingepfarrt. Heute gehören nur noch Altendorf und Mittelndorf dazu. Schandau war bis 1459 und wieder 1539/49 Filialkirche von Lichtenhain. Seit 1979 ist Ulbersdorf Schwesterkirche von Lichtenhain.

Das jetzige Kirchgebäude stammt größtenteils aus den Jahren 1697/98. Es ist ein flachgedeckter Saal mit einem Chor, der an drei Seiten eines Achtecks geschlossen ist. Die Kirche hat ein Satteldach mit einem Dachreiter. Im Inneren sind zweigeschossige Emporen an der Nord- und Ostseite eingebaut. – Der barocke Altar zeigt in seiner Hauptszene ein in Holz geschnitztes, von Akanthuslaub umrahmtes Relief mit der Opferung Isaaks; darüber ist Gottvater mit dem Christuskind dargestellt. Damit sind das Sohnesopfer Isaaks im Alten Testament und das Kreuzopfer Christi zueinander in Beziehung gesetzt. Das Kunstwerk wurde 1696/97 von Johann Konrad Edelwehr, Zittau, geschaffen. Die schlichte hölzerne Kanzel stammt aus der gleichen Zeit. 1928 bauten Gebrüder Jehmlich, Dresden, eine neue Orgel (II/13 – pneumatische Traktur) mit einem Freipfeifenprospekt. – Aus dem 18. Jh. blieben drei Bildnisse von Pfarrern der Kirche erhalten.

Abb. S. 125

Liebethal

s. Pirna-Liebethal

Liebstadt

Burg und Siedlung liegen südwestlich von Pirna am Zusammenfluß des Molchgrundbaches mit dem Seidewitztal. Im Zusammenhang mit der Besiedlung des Erzgebirges und der Sächsischen Schweiz errichteten die Burggrafen von Dohna um 1200 an einer Paßstraße nach Böhmen die Burg. An ihrem Fuße entwickelte sich das Städtchen, das schon 1286 bezeugt ist. Liebstadt wurde durch Hochwasser, Brände und Kriege wiederholt verwüstet. Die Burg, die seit der Romantik Kuckuckstein hieß, war Sitz der Herren von Bünau (1410–1655) und der von Carlowitz (1774–1931). Die Stadt blieb ohne Industrie. Ihre Einwohnerzahl beträgt nur 960.

Ein Pfarrer wird 1338 zuerst erwähnt. In die Kirche waren mehrere Dörfer eingepfarrt. Filialkirchen waren Borna und im 16. Jh. auch Döbra. Seit 1976 sind Börnersdorf und Breitenau Schwesterkirchen von Liebstadt.

Der Kirchenbau liegt am Berghang gegenüber dem Schloß Kuckuckstein. Bei den Vorbereitungen zur Restaurierung der Kirche sind an der Wand des Langhauses ornamentale Malereispuren freigelegt worden, die mit großer Sicherheit aus der Hussitenzeit (1410–1430) stammen. Wahrscheinlich sind zumindest einige Wände des Langhauses älter als der Chorraum mit seinen hohen Spitzbogenfenstern und Strebepfeilern. 1499 wurde die Sakristei (im Untergeschoß des Turmes) erbaut, 1513 der Chor und der Triumphbogen, der den Chor vom Schiff absetzt. Weitere Umbauten und Restaurierungen erfolgten 1627, 1741, 1754 und 1891. Der Turm an der Nordseite wurde in der Barockzeit mit einer Laterne und einer geschweiften spitzen Haube bekrönt. Das Langhaus mit seiner Holzbalkendecke ist bei der Renovierung von 1891 in seine heute sichtbare Form gebracht worden. – Ein hervorragendes Kunstwerk sind die drei Tafeln eines Flügelaltars von einem niederländischen Meister des 15. Jh. Im Mittelteil sehen wir die Kreuzabnahme, an den Flügeln die Kreuztragung und die Auferstehung. Die Sandsteinkanzel von 1577 hat einen geschnitzten Schalldeckel aus dem Jahre 1634. – Die Orgel (II/19 – pneumatische Traktur, Membranladen) wurde 1892 von Gebr. Jehmlich, Dresden, gebaut. – Rings um den Chor sind zahlreiche Grabdenkmäler der Patronatsfamilie aus dem 17./18. Jh. erhalten. Diese Meisterwerke der Pirnaer Bildhauerschule stammen großenteils von David Schwenke. An der Südseite der Außenwand befindet sich ein Relief des gekreuzigten Christus vom Ende des 15. Jh.

Abb. S. 126, 127

Lohmen

Der nordöstlich von Pirna über der Wesenitz gelegene Ort war eine alte sorbische Siedlung, an die sich das deutsche Reihendorf mit Waldhufenflur nach Osten anschloß. Lohmen wird schon 1206 genannt. Hier gab es einen Rittersitz, der 1543 an den Landesherrn überging. Dadurch wurde er zum Kammergut, in dem sich auch das Amt Lohmen befand. Zum Kammergut gehörte eine 1543 erwähnte Schäferei, in der seit 1765 erstmals in Deutschland spanische Merinoschafe gezüchtet wurden. Der Ort wurde 1590 als Flecken, 1648 als Städtlein bezeichnet. Er war zeitig von vielen Handwerkern bewohnt. Durch seine Lage an wichtigen Hauptstraßen wurde Lohmen im 19. Jh. Eingangspforte zur Sächsischen Schweiz. Lohmen hat 3550 Einwohner, die großenteils in der Pirnaer Industrie arbeiten.
Die Kirche ist schon 1291 urkundlich bezeugt. In sie sind zahlreiche Nachbarorte eingepfarrt. Seit 1973 sind Rathenwalde und Stürza Schwesterkirchen von Lohmen. An der Kirche von Lohmen wirkte von 1797 bis 1823 der Pfarrer Carl Heinrich Nicolai, der 1801 den ersten Wanderführer durch die Sächsische Schweiz schrieb. Sein Grab mit einem großen Sandsteinkreuz befindet sich auf dem Friedhof.

Anfangs war wohl die alte Schloßkapelle zugleich auch Gemeindekirche. 1786/89 wurde die jetzige Kirche von Ratsmaurermeister Johann Daniel Kayser aus Pirna und Zimmermeister Christian Gotthelf Reuther aus Kreischa aus massiven Sandsteinquadern errichtet. Der Grundriß ist ein gestrecktes Achteck, an das im Norden die Sakristei und im Süden der Turm angelegt sind. Die Turmhalle bildet den Eingang. Im Innern ist die Kirche als letzter barocker Zentralbau in der Nachfolge George Bährs gestaltet. An drei Seiten des Raumes sind dreistöckige Emporen angeordnet, so daß die Gemeinde rund um den Prediger sitzt. Die farbige Ausgestaltung in

Weiß mit zarter Goldverzierung zeigt bereits Merkmale des Klassizismus. – An der Nordseite befindet sich ein Kanzelaltar, der von korinthischen Pilastern flankiert wird. Davor in der Achse des Kirchenraumes steht der Taufstein. – Über dem Kanzelaltar befindet sich die Orgel (II/18), die 1789 von Johann Christian Kayser, Dresden, erbaut wurde. Ihr Gehäuse ist in der Gestaltung, wenn auch sehr viel schlichter, den zweimanualigen Orgelgehäusen Gottfried Silbermanns ähnlich. Das in der Nachfolge Silbermanns gebaute wertvolle Werk wurde 1982 vom VEB Eule Orgelbau Bautzen restauriert. – Die staatliche Feierhalle auf dem Friedhof birgt ein drei Meter hohes hölzernes Kruzifix des 17. Jh., das früher in der Eingangshalle der Kirche stand.

Mit 835 Sitzplätzen ist die Lohmener Dorfkirche die größte in der Sächsischen Schweiz. Hier finden auch manchmal regionale Gottesdienste mit vielen Teilnehmern aus anderen Gemeinden statt.

Abb. S. 128, 129

Markersbach
s. Bahratal

Neustadt, St.-Jakobi-Kirche

Die Stadt liegt nordwestlich von Sebnitz in einem Kessel des oberen Polenztales. Sie wurde wohl nach 1300 auf Flurteilen zweier bereits bestehender Dörfer im Zusammenhang mit Goldbergbau planmäßig gegründet, wahrscheinlich durch Freiberger Bergleute. 1451 ging Neustadt von Böhmen an Kursachsen über. Führende Industriezweige waren seit dem 16. Jh. die Leineweberei und seit dem 19. Jh. die Kunstblumenindustrie. Seit 1951 wurde die Produktion von Landmaschinen profilbestimmend. Durch sie hat sich die Einwohnerzahl von 6100 (1946) auf 12 560 verdoppelt.

Die St.-Jakobi-Kirche wird 1346 genannt. Ihren Namen trug sie wohl nach der Kirche des von Bergleuten aus dem altsächsischen Gebiet im Harz gegründeten Stadtteils von Freiberg, der »Sächsstadt«. In die Kirche von Neustadt sind mehrere Dörfer der Umgebung eingepfarrt. – Von 1787 bis zu seinem Tode im Jahre 1818 war Wilhelm Lebrecht Götzinger Pfarrer in Neustadt. Er hat zur Entdeckung der Sächsischen Schweiz als Wandergebiet wesentlich beigetragen. Sein Bild befindet sich in der Sakristei, sein Grab auf dem alten Friedhof zwischen Kirche und Pfarrhaus.

Der älteste Teil des Kirchengebäudes ist der im 14. Jh. erbaute gotische Chorraum. In ihm befinden sich zwei bedeutende Sandsteinepitaphe von 1578 und 1581 aus der Werkstatt der Bildhauerfamilie Walther in Dresden. Unter dem Schwibbogen, der den Chorraum abschließt, steht links eine Figur des auferstandenen Christus mit der Kreuzesfahne aus dem 17. Jh. Sie bekrönte den ehemaligen Altaraufsatz. – An den Chorraum schließt sich das Kirchenschiff mit einer Empore an. Es wurde nach Abbruch des alten Kirchenschiffes 1883/84 unter Leitung von Gotthilf Ludwig Möckel in neugotischem Stil erbaut. Der Kirchturm – 71 Meter hoch – wurde auf den Grundmauern des früheren Kirchturms an der Südseite des Chorraumes errichtet.

Die gesamte Inneneinrichtung wurde ebenfalls unter Leitung von G. L. Möckel 1884 geschaffen. Der geschnitzte Altar zeigt im Mittelfeld die Heilung des Gichtbrüchigen, darüber unter dem (nach einem Vorbild aus Oberammergau geschnitzten) Kruzifixus Maria und Johannes. Die Kanzel ist in vier Feldern mit geschnitzten Reliefs der Evangelisten geschmückt. – Die 1884 von Hermann Eule, Bautzen, in ein neugotisches Gehäuse eingebaute Orgel (II/28 – mechanische Kegellade) wurde 1977 durch den VEB Eule Orgelbau Bautzen überholt und klanglich verändert.

Abb. S. 130–132

Neustadt, Hospitalkirche

Ein Hospital vor dem Niedertore in Neustadt wird 1557 erwähnt. Dieses besaß eine eigene Kirche. Im Dreißigjährigen Krieg 1637 steckten kaiserliche Truppen einen Teil der Stadt in Brand, wobei auch diese Kirche abbrannte. 1722 wurde die Hospitalkirche wieder aufgebaut. Im 19. Jh. war sie baufällig und wurde 1852 abgebrochen.

Neustadt, Friedhofskirche

Die 1900/01 in neugotischem Stil erbaute Friedhofskirche von Theodor Quentin, Pirna, ist die größte Friedhofskirche der Ephorie Pirna. Sie hat ein holzgetäfeltes Tonnengewölbe. Gemalte Glasfenster geben dem Raum das Gepräge. 1980 wurde eine Kleinorgel (I/6) des VEB Eule Orgelbau Bautzen aufgestellt. – Im Winter wird der Gottesdienst der Gemeinde meist hier gehalten.

Abb. S. 134

Neustadt, katholische Kirche St. Gertrud

Eine katholische Kirche wurde 1927/28 erbaut. Sie ist seit 1944 Sitz einer Pfarrei. Eine Pfarrvikarie von Neustadt befindet sich in Stolpen. – Die Kirche ist in neugotischem Stil gehalten. 1978 wurde sie renoviert und erhielt ein Altarbild der Dreieinigkeit mit den Heiligen Gertrud und Mechthild, eine Darstellung des Kreuzweges Christi und eine Muttergottesplastik von Georg Nawroth, Görlitz. Seit 1944 befindet sich hier eine Orgel (II/6), die ursprünglich im Lehrerseminar Dresden-Friedrichstadt und ab 1912 im Lehrerseminar Bischofswerda als Übungsorgel diente. Es könnte sich dabei um ein Werk von Karl Eduard Jehmlich, Dresden, von etwa 1870 handeln.

Abb. S. 133

Oelsen

Der Ort südlich von Gottleuba an der Grenze zur ČSFR hat seinen Namen von dem sorbischen Wort olesna = Erle. Das Waldhufendorf wird schon 1169 genannt. Um 1445 wird Oelsen vorübergehend als wüst bezeichnet, vielleicht infolge der Hussitenkriege. Auch durch spätere Kriege wurde Oelsen wiederholt schwer geschädigt. Von 1490 an gehörte das Dorf zum Rittergut Lauenstein, bis hier 1753 eine selbständige Rittergutsherrschaft entstand. Das Rittergut Lauenstein der Familie von Bünau behielt jedoch in Oelsen noch grundherrliche und Patronatsrechte. Zu den 260 Einwohnern des Dorfes gehören neben Bauern auch zahlreiche Arbeiter.

Ein Pfarrer wird schon 1358 urkundlich genannt, die Kirche im Jahre 1405. Sie war 1539 Pfarrkirche, 1540 bis 1850 Filialkirche von Breitenau und dann wieder Pfarrkirche. Eingepfarrt war das Hammergut Biendorf östlich von Oelsen. Seit 1928 war Markersbach Schwesterkirche von Oelsen. Heute ist Oelsen ebenso wie Bahratal als Schwestergemeinde an Bad Gottleuba angeschlossen.

Die Kirche steht mitten im Ort auf einer Anhöhe. Gegenüber dem flachgedeckten Saal des Schiffes ist der Altarplatz im Osten um zwei Stufen erhöht. Das spätgotische Portal der Nordseite stammt aus der Zeit um 1500. An der Südseite der Kirche ist die Sakristei mit zwei Rundbogentüren des 16. Jh. angebaut. Ein barocker Dachreiter mit geschweifter Haube und Laterne wurde 1749 hinzugefügt. 1806 wurde die Kirche gründlich erneuert und an der Nordseite durch eine Eingangshalle mit Krüppelwalmdach erweitert. Dort ist ein kunstvolles Relief mit Christus als Weltenrichter mit der Weltkugel und den vier Evangelisten eingemauert. Es stammt von einer Sandsteinkanzel, die Lorenz Hornung, Pirna, um 1620, zugeschrieben wird. Das Kircheninnere wurde 1806 in klassizistischen Formen umgestaltet. Der Kanzelaltar wird von korinthischen Säulen vor Doppelpilastern flankiert, die das Gebälk tragen. Über den seitlichen Torbögen und auf dem Gebälk stehen Vasen. Auch der Taufstein ist klassizistisch. – Die 1806 von Carl August Venzky, Dresden, erbaute Orgel wurde 1844 durch Karl Traugott Stöckel, Dippoldiswalde, um ein zweites Manual erweitert (II/13). – Zwei barocke hölzerne Epitaphe von 1653 und 1701 erinnern an die Patronatsherren von Bünau auf Lauenstein. – Den Gefallenen und Vermißten des ersten Weltkrieges ist ein Gedenkstein vor der Kirche, denen des zweiten Weltkrieges eine Tafel in der Eingangshalle gewidmet. – Die Kirche wurde 1975 sehr schön renoviert.

Abb. S. 135, 136

Ottendorf

s. Friedrichswalde-Ottendorf

Papstdorf

Der Ort liegt südöstlich von Königstein auf der Ebenheit am Fuße des Papststeins. Das Waldhufendorf wird 1371 erstmals genannt. Die Einwohner des Dorfes waren 1835 in der Land- und Forstwirtschaft, in der Elbschiffahrt und in den Steinbrüchen tätig. Heute sind sie vielfach in den Industriebetrieben des Elbtals beschäftigt. Papstdorf hat 880 Einwohner.

1371 wird hier ein Priester erwähnt, so daß es gewiß auch eine Kirche gab. Die Kirche ist Pfarrkirche. Von 1539 bis 1580 war sie vorübergehend Filialkirche von Königstein. Eingepfarrt sind Koppelsdorf und Kleinhennersdorf, Filialkirche ist Cunnersdorf.

Die jetzige spätbarocke Kirche stammt aus dem Jahre 1787. Sie steht auf einer Anhöhe nördlich des Dorfes. Hier wurden von einem unbekannten Baumeister Gedanken George Bährs weiterentwickelt. Der rechteckige Bau ist mit einem hohen Satteldach gedeckt; an der Ostseite ist ihm ein massiver Turm mit einer Haube vorgesetzt. – Durch die Brüstungen der zweigeschossigen Emporen im Süden, Norden und Westen und den von ionischen Säulen flankierten Kanzelaltar entsteht der Eindruck eines ovalen Innenraumes. Der Taufstein stammt von 1837. – Die 1845 entstandene Orgel (II/16) läßt sich Wilhelm Leberecht Herbrig, Langenwolmsdorf, zuschreiben, vor allem durch Vergleich mit der Orgel in Langenhennersdorf. – Die gesamte Kirche wurde 1985/88 gründlich renoviert.

Abb. S. 137

Pirna

Die Stadt liegt an der Elbe, wo die Gottleuba in diese einmündet. Schon vor der deutschen Siedlung stand am Rande des Grenzwaldes zwischen den slawischen Wohngauen Nisani (um Dresden) und Tetschen (Děčín) die Burg Pirna. Sie wird 1269 erstmals genannt. Erst seit 1606 heißt sie Sonnenstein. In ihrem Schutze wurde neben einer älteren Kaufmannssiedlung um die einstige Nikolaikirche am Knotenpunkt wichtiger Verkehrswege kurz vor 1200 die Stadt planmäßig angelegt. Sie wird 1233 zuerst erwähnt. – Pirna war im Mittelalter die bedeutendste Handelsstadt des mittelelbischen Gebietes; sie überragte Dresden bei weitem, war auch Schiffsbauort und Sitz der kurfürstlichen Eisenkammer. Nachdem die Stadt im Dreißigjährigen Krieg 1639 eingenommen und geplündert worden war, ging Pirnas Bedeutung stark zurück. – Im 19. und 20. Jh. nahm Pirna als Eisenbahnstation und als Sitz einer modernen Großindustrie eine neue bedeutsame Entwicklung. Die Stadt ist nicht nur Eingangstor in die Sächsische Schweiz, sondern auch ein wichtiger Eisenbahn- und Straßenknotenpunkt. Später nahmen hier 56 Industriebetriebe ihren Sitz, darunter das Kunstseidenwerk »Siegfried Rädel« und der Industriekomplex Sonnenstein, der in den fünfziger Jahren aufgebaut wurde. Die Einwohnerzahl stieg von 37 400 (1946) auf 45 850.

Pirna, St.-Marien-Kirche

Die Kirche ist Pfarrkirche und Sitz der Superintendentur. Zahlreiche Orte sind in sie eingepfarrt, die heute auch in die Stadt eingemeindet sind.

Von der 1269 erstmals genannten, wohl romanischen Kirche ist nichts erhalten. Im 14. Jh. stand bereits eine zweite, gotische Kirche. Sie muß ein bedeutender Bau gewesen sein; die Urkunden nennen fünfzehn Altäre.

1469/79 wurde der jetzige Turm in der Südwestecke errichtet, der später im 18. Jh. verändert und mit einer Barockhaube abgeschlossen wurde.

Die heutige Kirche ist in den Jahren 1502/46 erbaut worden. Sie gehört zu den großen spätgotischen Hallenkirchen Obersachsens. Mit ihrem mächtigen, etwa 60 Meter hohen Turm und ihrem riesigen, fast 20 Meter hohen Dach beherrscht die Kirche das Stadtbild. Der Entwurf des Meisters Peter Ulrich von Pirna zielte darauf ab, eine Predigtkirche zu schaffen, die bereits den Forderungen der Reformation entsprach. Der 49 Meter lange und 25 Meter breite Innenraum mit 2000 Sitzplätzen wirkt einheitlich und weit gemäß der Einheit der unter Gottes Wort versammelten Bürgergemeinde. Der Chor, der in der Hochgotik, z. B. im Meißner Dom, als Sitz der Geistlichkeit (gegenüber dem der Laien im Schiff) erhöht und durch einen Lettner abgetrennt war, ist nur noch angedeutet. Die Einteilung in drei Schiffe und sieben Joche tritt wenig hervor, da die zwölf schlanken Pfeiler den Raum kaum noch trennen und die 17,5 Meter hohen Seitenschiffe fast so hoch sind wie das Mittelschiff mit 18 Metern. Raumverbindend wirken auch die ungewöhnlich kunstvollen Gewölbe mit ihrem ornamentalen Rippenwerk, das vor allem das Mittelschiff wie mit einem dichten Netz überspannt. In den Seitenschiffen finden wir Sterngewölbe. Das große handwerkliche Können der Erbauer zeigt sich besonders in spielerischen, rein dekorativen Bildungen wie der spiralförmigen »Hobelspanrippe« in der Südostecke und den »Baumstammrippen« über dem Altar, an denen Fabelwesen klettern. Die Gewölbemalereien stellen Motive aus dem Alten und Neuen Testament und auch aus dem klassischen Altertum dar. Sie wurden 1544/46 nach Einführung der Reformation auf Anregung des ersten Pirnaer Superintendenten Antonius Lauterbach von Jobst Dondorf geschaffen. Luther und Melanchthon erscheinen hier als die neuen Evangelisten Lukas und Markus. Die Gestalt des Apostels Paulus und die Symbolfiguren von Glaube, Liebe und Hoffnung weisen auf die Paulusbriefe hin, von denen Luthers Lehre ausging. – Während zwei kleinere, kunstvoll profilierte Portale an der Südseite spätgotisch sind, stammt das Westportal erst aus dem Jahre 1890.

Die älteste Empore über der Sakristei, »der kleine Chor«, entstand 1543/46. Die steinernen Nord- und Westemporen mit ihrer reichen Dekoration wurden um 1570, die Südempore erst 1890 hinzugefügt. Die Emporen sind mit ornamentalen Reliefs geziert. – Die Kirche besitzt viele Sandsteinplastiken. Die spätgotische Kanzel von 1525 ist mit Figuren des Christus, der Maria, Johannes des Täufers und Johannes des Evangelisten geschmückt. Den Taufstein schuf wohl Hans Walther, Dresden, 1561. Die Kindergruppen am Fuß des Taufsteins hat schon Goethe bewundert, skizziert und beschrieben. Der elf Meter hohe, fünf Meter breite Altar der Brüder Michael und David Schwenke entstand um 1610. Er besteht aus einer Predella, dem Hauptgeschoß und einer Bekrönung. Säulen gliedern die Geschosse in Felder. Die Reliefs veranschaulichen die Erlösungstat Christi mit Geschehnissen aus seinem Leben und mit entsprechenden Szenen aus dem Alten Testament (Sintflut, Vision des Propheten Hesekiel von der Auferstehung der Toten, Himmelfahrt des Propheten Elia, Stammvater Jakobs Traum von der Himmelsleiter, Simson mit den Toren der Stadt der Philister Gaza, der Prophet Jona mit dem großen Fisch, aus dessen Bauch er gerettet wurde). – Die Orgel (II/44) schuf Friedrich Nikolaus Jahn, Dresden, im Jahre 1842. Es ist seine zweitgrößte Orgel. Das Werk wurde mehrfach (1890 und 1919/26) durch seinen Sohn Julius Jahn und seinen Enkel Johannes Jahn umgebaut und mit einer pneumatischen Traktur versehen (Beibehaltung der Schleifladen). 1891 wurde das jetzige Gehäuse errichtet. 1979 wurde die mechanische Spieltraktur wiederhergestellt sowie ein drittes Manual eingebaut, nachdem bereits 1950 die Orgel klanglich neu gestaltet worden war. Wesentliche Register von F. N. Jahn blieben erhalten. Die Registertraktur ist elektropneumatisch. Diese Arbeiten wurden von der Firma Hermann Eule bzw. vom VEB Eule Orgelbau Bautzen ausgeführt. An der Konzeption der jetzigen Orgel war der Pirnaer Kirchenmusikdirektor und Orgelsachverständige Gerhard Paulik (1896–1966) wesentlich beteiligt. Auf diesem Instrument (III/55), der größten Orgel in diesem Gebiet, mit seiner ausgewogenen Disposition und dem daraus resultierenden Klangreichtum finden im Sommerhalbjahr regelmäßig Orgelkonzerte statt. Die Glasmalereien der Fenster aus dem Jahre 1889 stellen in der Mitte das Jüngste Gericht dar, links das Gleichnis vom Sämann, den Barmherzigen Samariter sowie die Klugen und Törichten Jungfrauen, rechts den Guten Hirten sowie den Pharisäer und Zöllner.

Da das Gelände vor und hinter der Kirche als Friedhof diente, befinden sich in der Kirche etwa 80 Grab- und Gedächtnismale (Epitaphe) aus der Zeit zwischen 1500 und 1750, darunter einige von Mitgliedern der Familie Schwenke von hohem künstlerischem Wert. Auch eine große Anzahl von Superintendentenbildnissen ist erhalten.

Das Dach der Marienkirche wurde seit den sechziger Jahren bis 1977 erneuert.

Abb. S. 9, 143–151

Pirna, Dominikanerkirche
(Klosterkirche)

Das Dominikanerkloster in Pirna wurde um 1300 durch Mönche von St. Pauli aus Leipzig gegründet. Es wurde außerhalb der ersten Ummauerung angelegt und später durch eine Stadterweiterung in das befestigte Gemeinwesen einbezogen. Von den zahlreichen Gebäuden des Klosters blieben nach dessen Auflösung (1545) die Klosterkirche und das Kapitelsaalgebäude erhalten; im letzteren befindet sich heute das Heimatmuseum.

Die gotische Klosterkirche tritt im Gegensatz zur Marienkirche in der Stadtsilhouette wenig hervor. Der erste Predigtraum der Dominikaner war der Mönchschor des späten 13. Jh., der nicht mehr vorhanden ist. Die Laienkirche wurde als Predigtraum am Anfang des 14. Jh. zunächst als flachgedeckter Saalbau errichtet, jedoch in der zweiten Hälfte des 14. Jh. durch Einziehen von sechs achteckigen Pfeilern zur zweischiffigen Hallenkirche mit sechs Jochen erweitert. Die Wölbung erfolgte durch Kreuzrippengewölbe. Der östliche Pfeiler wurde unter den Triumphbogen gesetzt. Vorher stand hier wohl ein hoher Lettner, so daß Mönche und Laien nach der damaligen Sitte streng getrennt waren. Von den Außenportalen ist nur noch das der Nordseite erhalten. Der Unterbau des Turmes wurde nachträglich nach 1370 an der Südostecke der Kirche in der Nische zwischen Langhaus und Chor errichtet; darauf wurde das schlankere Achteckgeschoß erst Ende des 15. Jh. aufgesetzt. Es hat einen stumpfen Abschluß. Bei der Wiederherstellung der jahrhundertelang vernachlässigten Kirche 1955/57 wurden Reste der Wandmalereien des 14. Jh. freigelegt, so an der Ostwand das Jüngste Gericht, an der Südwand Maria unter einem Baldachin mit Stifterfiguren und an der Nordwand der Heilige Dominikus. – Die Dominikanerkirche wurde nach der Auflösung des Klosters als Zollniederlassung, Warenmagazin, sogar als Stall gebraucht. 1956 wurde sie für den katholischen Gottesdienst eingerichtet und 1957 neu geweiht. Sie heißt jetzt St.-Heinrichs-Kirche. 1956 wurden ein geschnitzter Flügelaltar von 1510/20, eine spätgotische Madonna aus einer Kreuzigungsgruppe und ein Taufstein von 1574 aus auswärtigen Kirchen hierher gebracht. Die Kirche erhielt 1962 eine Orgel (I/12) von Gebr. Jehmlich, Dresden. 1973 wurde an der Längsseite der Kirche ein neues, hölzernes Altarensemble von Friedrich Press, Dresden, errichtet. Es besteht aus einem hohen Kruzifix, dem Altartisch und einem Lesepult.

Abb. S. 138–140

Pirna, Nikolaikirche

Vor der Gründung der Stadt Pirna gab es bereits 1150 eine frühstädtische Kaufmannssiedlung. Ihre kleine Kirche, die Nikolaikirche, wird 1338 erstmals genannt. Sie war dann Mittelpunkt der nach ihr benannten Nikolaivorstadt im Süden der Stadt. Von 1484 bis 1875 diente sie als Kirche des städtischen Friedhofes. Als man diesen nach der Dippoldiswalder Straße verlegte, wurde die alte Kirche abgetragen.

Pirna, Schloß Sonnenstein, Kirche

Auf der Plattform einer der Burgbasteien des 17. Jh., des »Hohen Werkes« über der Elbe, errichtete man 1812 in klassizistischen Formen eine kleine Kirche ohne Turm. Sie diente der 1811 gegründeten Heil- und Pflegeanstalt für Nervenkranke. 1904 wurde die Kirche abgerissen.

Im Südosten des Schlosses wurde um 1900 eine neubarocke Kirche erbaut. Ihr quadratischer Turm hat hohe Rundbogenfenster und Ochsenaugen. Er wird von einer Welschen Haube bekrönt. Die Kirche dient jetzt als Lagerraum.

Pirna, katholische Pfarrkirche

1827 wurde die katholische Pfarrei St. Kunigunde gegründet. Eine Kapelle befand sich seit 1823 in einem Wohnhaus am Hausberg. 1865/69 wurde eine neugotische Kirche von Landbaumeister Karl Adolf Traugott Canzler unter Mitwirkung von Christian Ernst Breitung erbaut (heute Dr.-Wilhelm-Külz-Str. 2–4). Ihr Chor befindet sich im Norden, die Giebelseite mit Turm und Eingang an der Südseite. Die Halle hat ein Rippengewölbe, der Chor ein Sterngewölbe. Der quadratische Turm geht in der Höhe des Dachfirstes in ein Achteck über und wird von einer hohen achteckigen spitzen Haube bekrönt. Ein Altarbild (Aufnahme der heiligen Kunigunde ins Kloster) wurde 1868 von W. Schwarz, Wien, gemalt. Die Kanzel und die Brüstung der Orgelempore sind mit Maßwerk verziert. An den Seitenwänden des Schiffes ist der Kreuzweg Christi auf Ölgemälden dargestellt. Die Orgel (II/17) erbaute 1869 Karl Eduard Jehmlich, Dresden.

Abb. S. 141, 142

Pirna, Hospitalkirche
(am Ernst-Thälmann-Platz)

1914/16 baute man für die Bewohner des Bürgerhospitals die kleine Hospitalkirche im Jugendstil. Sie diente auch den Bewohnern des neugebauten Stadtteils. Seit 1945 wird sie durch die Gemeinde der Marienkirche mit genutzt. Nachdem das Hochwasser von 1957 einen Teil der Innenausstattung zerstörte, ist sie modern gestaltet worden. Die Orgel (II/11) stammt von Gebr. Jehmlich, Dresden.

Pirna, Auferstehungskirche

Auf dem Friedhof an der Dippoldiswalder Straße wurde um 1875 eine Friedhofskapelle erbaut, die im 20. Jh. erweitert wurde. Sie dient jetzt als Auferstehungskirche den Gottesdiensten einer Vorstadtgemeinde. Ihr Taufstein stammt aus der Schloßkirche von Zehista. – Das Orgelwerk (II/11 – pneumatische Traktur) wurde 1965 durch die Firma Hermann Eule, Bautzen, aus einer Orgel von 1910 umgebaut. – Die um 1955 entstandene Glasmalerei eines Fensters stellt den auferstandenen Christus dar.

Pirna-Copitz, Gemeindesaal

Das Dorf Copitz war eine alte sorbische Siedlung, wurde aber erst im Jahre 1417 schriftlich erwähnt. Hier wohnten nicht nur Bauern, sondern auch Schiffer, Schiffsbauer, Fischer und Steinbrecher. Im 19. Jh. war Copitz Sitz von Baumwollspinnerei und -bleicherei, und es gab hier viele Maurer und Zimmerleute. Rückschläge brachten Brandstiftungen 1639 und 1839. Heute ist Copitz Sitz von vielen Industriebetrieben und Wohnort von Arbeitern. 1910 hatte Copitz 5100 Einwohner. Seit 1923 gehört es als Vorstadt zu Pirna.

In einem ehemaligen Villengebäude wurden um 1910 zwei Räume zu einem Kirchsaal verbunden. Seit 1960 hat Copitz eine selbständige Kirchgemeinde. 1964 wurde ein Positiv mit fünf Registern von Reinhard Schmeisser, Rochlitz, aufgestellt. Eine Erweiterung des Gemeindezentrums ist geplant.

Pirna
Ortsteil Sonnenstein

Ein evangelisches Gemeindezentrum für das Neubaugebiet wurde 1985/88 errichtet.

Pirna-Liebethal

Liebethal liegt nördlich von Pirna über der Wesenitz. 1241 wird eine Burg urkundlich genannt, die um die Mitte des 13. Jh. den Markgrafen gehörte. 1336 ging sie an die Bischöfe von Meißen über. Sie wurde 1498 abgebrochen. Liebethal besaß seit 1660 einen Jahrmarkt. Städtische Handwerker durften sich hier niederlassen, und gegen Ende des 17. Jh. erhielt der Ort ein Brauhaus. Trotz dieser Sonderrechte des Dorfes waren Steinbrecherei und Feldbau Haupterwerbszweige. Schon 1373 wurde Wein angebaut. Heute ist der Ort hauptsächlich eine Siedlung der Arbeiter, die in den Pirnaer Großbetrieben beschäftigt sind. Er wurde 1971 nach Pirna eingemeindet. Vorher hatte Liebethal 400 Einwohner.

Die Kirche von Liebethal war Filialkirche von Porschendorf. Seit 1904 ist sie Pfarrkirche, und von 1929 bis 1974 war Porschendorf Filialkirche von Liebethal. Früher waren zahlreiche Nachbarorte nach Liebethal eingepfarrt, heute sind es noch Pirna-Jessen und Graupa-Bonnewitz. Liebethal gehört nun auch kirchlich zu Pirna.

Wann die erste Kirche errichtet wurde, ist unbekannt. Die jetzige stammt aus der zweiten Hälfte des 16. Jh. Ihr rechteckiger flachgedeckter Saal hat ein Satteldach mit einem sechseckigen Dachreiter vom Jahre 1681. Die Rundbogenfenster sind im Inneren mit barocker Ornamentmalerei aus der ersten Hälfte des 17. Jh. umgeben. An der West- und Nordseite befinden sich Emporen. – Der Altar aus der Zeit um 1600 hat einen schlichten hölzernen Säulenaufbau und zeigt zwei Gemälde: in der Predella das Abendmahl und im Hauptbild die Kreuzigung Jesu. Das Altarkruzifix ist 1670 geschaffen worden. Die Taufe von 1699 besteht ganz aus Holz. – Die Orgel (II/10 – pneumatische Traktur) baute die Firma Hermann Eule, Bautzen, im Jahre 1927. – Ein Kelch mit einem zierlichen spätgotischen Fuß weist auf die vorreformatorische Zeit zurück. – Die Kirche wird seit 1985 renoviert.

Auf dem alten Friedhof um die Kirche sind Grabsteine von 1699 an erhalten.

Abb. S. 152

Pirna-Zehista

Der schon von den Sorben besiedelte Ort südlich von Pirna bestand aus einem Bauernweiler, dem anschließenden Großgut und einem Häusleranbau an der Straße nach Pirna. Das Gut war 1458 Vorwerk, 1551 Rittergut. 1736 war Oberstallmeister Graf von Brühl, ein Bruder des sächsischen Ministers, Besitzer des Rittergutes. Er ließ das Herrenhaus umbauen und stiftete die eigene Hauskapelle, die 1742 eingeweiht wurde. Die Einwohner des Dorfes gehörten aber weiter zur Pirnaer Pfarrkirche. – Zehista hatte 1925 750 Einwohner und wurde 1930 nach Pirna eingemeindet.

Die Schloßkapelle wurde 1945 abgerissen. – Reste der Orgel wurden 1950 von der Firma Hermann Eule, Bautzen, angekauft. Diese ergänzte und erweiterte die ursprünglich von Johann Ernst Hähnel gebaute Orgel, die sich heute in der Dorfkirche von Thierbach (Kreis Schleiz) befindet (I/10).

Pirna-Zuschendorf

Der südwestlich von Pirna gelegene Ort wird 1378 erstmals genannt. Das Gut gehörte schon 1403 und bis 1695 der Familie von Carlowitz. Der Ort hatte 1910 350 Einwohner. 1923 wurde er nach Pirna eingemeindet.

Kirchlich gehörte Zuschendorf zu Dohna. 1560 erhielt es eine eigene Kirche, die bis 1940 Filialkirche von Dohna blieb. Seit 1930 ist Lindigt eingemeindet. 1954 wurde Zuschendorf Tochterkirchgemeinde von Pirna.

Der Schloßherr Hans von Carlowitz ließ 1560 eine kleine Schloßkirche erbauen, die mit dem ehemaligen Herrenhaus durch einen Zwischenbau verbunden ist. An das Schiff schließen sich nach Osten der Chor und an diesen die Sakristei an. Der mächtige quadratische Turm geht in ein sehr viel schmaleres achteckiges Glockengeschoß über, das von einer schön geschwungenen Welschen Haube bekrönt wird. Über der Eingangstür aus der Mitte des 16. Jh. sieht man das Wappen der Familie von Carlowitz. Die Emporen sind an der Nordseite zweigeschossig, im Osten im Altarraum eingeschossig. – Auf dem wertvollen Gemälde des Renaissancealtars, das bald nach 1560 durch den Dresdner Hofmaler Heinrich Göding geschaffen wurde, ist der Kirchenstifter als dreizehnter Jünger beim Abendmahl dargestellt worden. In der Predella ist er mit seiner Frau und seinen neun Kindern abgebildet; fünf bereits verstorbene tragen weiße, die noch lebenden schwarze Kleider. Die Kanzel aus dem 17. Jh. ist mit Figuren der Evangelisten geschmückt. Der Schaft des sechseckigen Taufsteins vom Ende des 19. Jh. ist aus vier Rundsäulen gebildet. – Die Orgel (I/9) wurde um 1850 in der Werkstatt von Friedrich Nikolaus Jahn, Dresden, gebaut.

Abb. S. 153

Porschdorf

Das Dorf liegt nordwestlich von Bad Schandau und hat 900 Einwohner.

Kirchlich gehörten Porschdorf, Prossen und Waltersdorf zu Königstein. Dorthin hatten die Gottesdienstbesucher einen sehr weiten Weg von 1½ Stunden. Daher wurde 1903/04 die Friedhofskirche in Porschdorf als Filialkirche von Königstein erbaut. Sie steht an der einzigen Stelle, an der man durch eine Straße auf die Waltersdorfer Ebenheit gelangen kann. Seit 1926 ist sie selbständige Pfarrkirche.

Der Entwurf der Kirche von Theodor Quentin, Pirna, zeigt einen uneinheitlichen Stil. Die Halle und der Chor haben neugotische Kreuzrippengewölbe. Andere Bauelemente sind neuromanisch. Der Turm an der Westseite ist 25 Meter hoch. Der Kirchenraum ist an der Süd-, West- und Ostseite mit Emporen ausgestattet. Die Kanzel hat die Form einer Tulpe. Die Orgel (II/8 – pneumatische Traktur) bauten Gebr. Jehmlich, Dresden, im Jahre 1905. Die Glasmalerei eines der Rundbogenfenster stellt den Guten Hirten dar.

Abb. S. 154, 155

Porschendorf

Das Waldhufendorf nordöstlich von Pirna am rechten Ufer der Wesenitz wird 1311 erstmals genannt. 1727 brannte fast das gesamte Dorf ab. Seit 1958 werden hier im VEB Asbestzementwerk Bauplatten und Dachbedekkungen hergestellt. Porschendorf hat 700 Einwohner.

Die Kirche war seit dem Mittelalter bis 1929 Pfarrkirche. Danach war sie Filialkirche von Liebethal, das vorher bis 1904 selbst Filialkirche von Porschendorf gewesen war. Mehrere Nachbardörfer waren nach Porschendorf eingepfarrt. Seit 1974 gehört Porschendorf zu Eschdorf.

Der jetzige Kirchenbau entstand um 1684. Der ältere Chorraum wurde durch ein niedrigeres, flachgedecktes Schiff nach Westen hin erweitert. Beide Teile sind durch barocke Emporen verbunden. Die Kirche hat einen Dachreiter. 1968 wurde der Innenraum farbig aufgehellt und erhielt einen modernen Altar mit schlichtem Holzkreuz. Der frühere Kanzelaltar wurde geschlossen und sein Kanzelkorb im Kirchenschiff aufgestellt. Der Taufstein ist barock. Die Orgel (II/8), die 1923 von Gebr. Jehmlich, Dresden, gebaut wurde, befindet sich über dem Altar.

Abb. S. 156, 157

Rathewalde

Der Ort liegt in einer flachen Bodenmulde an den Quelladern des Grünbachs westlich von Hohnstein an der Hauptstraße nach Pirna. Das Waldhufendorf wird erst 1501 erwähnt und gehörte zur Burg Rathen. Rathewalde hat 760 Einwohner.

Die Kirche von Rathewalde war im Mittelalter Pfarrkirche. 1539 bis 1862 war sie Filialkirche von Stürza, dann wieder Pfarrkirche. Von 1933 bis 1972 war sie Filialkirche von Hohnstein. 1973 wurden Rathewalde und Stürza Schwesterkirchen von Lohmen.

Nachdem der Vorgängerbau 1639 durch Brandstiftung zerstört worden war, wurde die kleine Kirche wohl bald wiederhergestellt. 1860 wurde sie restauriert. Sie steht inmitten des Friedhofs. Barocke Stilmotive sind ihre großen Fenster im Erdgeschoß und ihr hohes Schieferdach mit Mansardenfenstern. Der achteckige Westturm sitzt auf dem Dach auf; er hat eine steile Haube mit einer Wetterfahne. Im Chor wurde ein übermaltes Fresko der Auferstehung Christi aus der Zeit um 1500 entdeckt. Ein neuer Altar, ein Lesepult und der Taufstein wurden 1971/72 aufgestellt; sie stammen aus Herrnhut. Den Altar flankieren zwei Buntglasfenster; sie stellen links die Geburt, rechts die Kreuzigung Christi dar.

Abb. S. 158

Reinhardtsdorf-Schöna

Reinhardtsdorf liegt auf der linken Elbseite südöstlich von Bad Schandau am Reinhardtsdorfer Bach auf dem Boden eines alten Elblaufs. Das Waldhufendorf wird 1368 erstmals genannt. Die Einwohner waren im 18. Jh. in der Land- und Forstwirtschaft, als Handwerker und in der Elbschiffahrt tätig. Seit 1973 ist Reinhardtsdorf mit Schöna zu einer politischen Gemeinde vereinigt. Von den 1940 Einwohnern sind viele in der Industrie des Elbtals beschäftigt.

In die Pfarrkirche sind seit dem Mittelalter mehrere Orte eingepfarrt. Schwesterkirche ist Krippen.

Eine Kirche gab es hier schon im 14. Jh. Von einem Bau des 15./16. Jh. sind Umfassungsmauern sowie Strebepfeiler des Chors erhalten. Die obere Empore wurde 1627 von böhmischen Protestanten aus Herrnskretschen (Hrensko/ČSFR) gebaut. – Die Kirche erhielt ihre jetzige erweiterte barocke Gestalt mit einem Westgiebel, einem schönen Portal und einem Dachreiter in den Jahren 1675/89. Das reich geschmückte, mit Engeln verzierte Westportal schuf Heinrich Weingarten, Pirna, 1675. Der Dachreiter mit Haube, Laterne und Zwiebel entstand 1688.

Durch ihre Innenausstattung im ländlichen Barock ist die Kirche eine der schönsten und bekanntesten der Sächsischen Schweiz. Besonders wertvoll ist der frühere Hauptaltar, ein Flügelaltar von 1521 mit geschnitzten Figuren der heiligen Anna und der Maria mit dem Jesuskind sowie von vier Heiligen in den Flügeln. Die Kanzel mit Bildnissen von Christus und den vier Evangelisten sowie der Taufstein stammen von 1615. Auf dem viergeschossigen Barockaltar aus den Jahren 1681/84 sehen wir Stationen des Leidens und Sterbens Christi. Über allem steht die Schnitzfigur des Auferstandenen mit der Siegerfahne. – Die Malereien, die 1711 von Gottfried Scheucker und Johann Georg Walter vollendet wurden, zeigen an den zweigeschossigen Emporen der Nordseite in leuchtenden Farben die gesamte biblische Geschichte: an den Brüstungsfeldern der oberen Empore die des Alten Testaments von der Erschaffung des Menschen an, an der unteren Empore die des Neuen Testaments, an der Holzdecke über dem Altar die Heilige Dreifaltigkeit und über der Orgel das Jüngste Gericht. Die Empore an der Westseite ist ebenfalls bemalt. Der Sitz der Pfarrersfamilie, der »Pfarrstand« im Kirchenschiff, wurde mit Gemälden der Tugenden Glaube, Liebe, Hoffnung und Demut vor dem Hintergrund von Landschaften der

Sächsischen Schweiz geschmückt. So sind hauptsächliche Themen der christlichen Heilsbotschaft in dieser kleinen Dorfkirche dargestellt. – 1911 baute Hermann Eule, Bautzen, in das verbreiterte barocke Gehäuse unbekannter Herkunft eine neue Orgel (II/14 – pneumatische Traktur) ein, die 1968 überholt wurde. – Die Kirche wurde in den siebziger Jahren renoviert.

Wer auf den Wolfsberg im Süden des Ortes steigt, hat einen einzigartigen Blick auf die Kirche vor der Kette der Schrammsteine und auf den Falkenstein.

Abb. S. 10, 159–161

Rosenthal

Das 1356 erstmals genannte Waldhufendorf liegt südlich von Königstein. Es besaß im Mittelalter ebenso wie Lichtenhain Marktrecht. Noch bis 1503 gehörte es zu Böhmen. Für viele Einwohner war Holzschlag der wichtigste Broterwerb. In Rosenthal wurde 1714 der Komponist und Dresdner Kreuzkantor Gottfried August Homilius als Sohn des dortigen Pfarrers geboren. Der Ort hat 980 Einwohner.

Die 1356 erwähnte Kirche unterstand dem Erzbistum Prag, und die böhmisch-mährische Ordensballei des Deutschritterordens in Komotau besaß hier Patronatsrecht. Die Kirche ist Pfarrkirche und war nur vorübergehend von 1539 bis 1588 Filialkirche von Langenhennersdorf.

Die jetzige Kirche wurde 1856 ebenso wie die von Cunnersdorf, der sie auch im Stil ähnelt, von dem Maurermeister Oskar Hofmann aus Königstein erbaut. Das Äußere zeigt ein Gemisch neugotischer und neuromanischer Formen. Das rechteckige Gebäude hat ein flaches Satteldach und einen quadratischen, im Obergeschoß achteckigen Westturm mit Helm. An der Ostseite wurde eine Sakristei angebaut. Das Innere wird durch einen großen Rechteckraum mit zweigeschossigen Emporen an der Nord- und Südseite sowie der Orgelempore gebildet. – 1974/80 erfolgte außen und innen eine gründliche Renovierung der gesamten Kirche. Dabei wurde 1979 der Kanzelaltar abgetragen. An seine Stelle traten 1980 ein schlichter Altartisch, ein vorreformatorisches, etwa vier Meter hoch aufragendes Kruzifix unbekannter Herkunft und eine nur wenig erhöhte Kanzel. – Die Orgel (II/14) wurde um 1856 von Eduard Offenhauer, Delitzsch, erbaut und klanglich mehrfach verändert.

Abb. S. 162

Saupsdorf

Das Waldhufendorf liegt südöstlich von Sebnitz an der Straße nach Hinterhermsdorf dicht an der Grenze zur ČSFR. Es wird 1445 erstmals genannt. Seit dem 16. Jh. waren hier zahlreiche Handwerker ansässig; im 18. Jh. verbreitete sich Textilfabrikation in Heimarbeit. Heute ist Saupsdorf mit 640 Einwohnern ein blühender Erholungsort. Im Dorf stehen zahlreiche Umgebindehäuser.

Kirchlich gehörte Saupsdorf bis 1702 zu Sebnitz, danach zu Hinterhermsdorf. Seit 1842 ist es Filialkirche bzw. Tochterkirche von Hinterhermsdorf.

Die große, stattliche Kirche wurde 1842 erbaut. Den tempelartigen Baublock schließt ein flaches Satteldach ab. Auf seiner vorderen Schmalseite erhebt sich ein dreigeschossiger Turm. Drei Portale an der Turmseite führen in das Innere der Kirche, einen weiträumigen, 14 Meter hohen, hellen Saal mit halbkreisförmiger Apsis, auf drei Seiten umlaufenden Emporen und einer Kassettendecke. Die Kirche ist nicht geostet. Ihr Äußeres ist vor allem neuromanisch, im Innern dominieren neubarocke Motive. Das ist u. a. an den Medaillon-Bildnissen Luthers und Melanchthons in der Apsis ablesbar. Der massive, hölzerne Altar ist durch ein Kruzifix und zwei Leuchter geschmückt. Die Kanzel (in alten Berichten wegen ihrer übermäßigen Höhe »Schwalbennest« genannt) wurde vor 1969 durch Kürzung ihrer Trägersäule um die Hälfte niedriger angebracht; sie wird heute nicht mehr benutzt. Der 1913 der Kirche von Hinterhermsdorf gestiftete Taufstein wurde 1939 nach Saupsdorf ausgetauscht, da er in seiner Wuchtigkeit besser hierhin paßt. – Die Orgel (II/14) stammt von 1842 aus der Werkstatt von Christian Friedrich Reiß, Neugersdorf.

Abb. S. 163

Schandau

s. Bad Schandau

Sebnitz, Peter-Pauls-Kirche

Die Stadt liegt im Osten des Elbsandsteingebirges am Übergang zur Lausitzer Granitplatte im Tal der Sebnitz an der Grenze zur ČSFR. Sie geht vielleicht auf einen sorbischen Weiler zurück, hat Waldhufenflur und wurde schon um die Mitte des 13. Jh. als Städtchen angelegt, ist aber erst 1423 urkundlich bezeugt. Da Sebnitz zur Herrschaft Hohnstein gehörte, kam es mit dieser 1451 durch Kauf an das Kurfürstentum Sachsen. Mit dem Aufstieg der Oberlausitzer Leineweberei bildete sich im 17./18. Jh. um Sebnitz und Neustadt ein Nebengebiet dieses Gewerbes, das bis 1863 als Hausweberei betrieben wurde. Seit dem 19. Jh. ist Sebnitz Herstellungsort der auch im Ausland begehrten Kunstblumen. Außerdem haben sich noch weitere Industriezweige angesiedelt. Seit 1952 ist Sebnitz Kreisstadt. Es hat 11 630 Einwohner.

Kirchlich unterstand Sebnitz bis zur Reformation dem Bistum Meißen. Zahlreiche Nachbarorte waren bzw. sind eingepfarrt. Zeitweise war Hinterhermsdorf 1680 bis 1701 Filialkirche von Sebnitz.

Die Peter-Pauls-Kirche ist das bedeutendste Baudenkmal in Sebnitz. Die erste Kirche wurde im 13. Jh. errichtet. Von einer zweiten Kirche des ausgehenden 15. Jh. blieben nur die Außenmauern und die Strebepfeiler des Chors erhalten. Das jetzige, fast quadratische Schiff mit seiner hölzernen Kassettendecke stammt von 1619. 1928 wurde in den früher flachgedeckten Altarraum ein Zellengewölbe nach spätgotischem Muster eingebaut und anstelle der früheren zwei kleinen Dachreiter ein Turm an der Nordseite errichtet, der die Stadt mit seiner Zwiebelhaube, aufgesetzter Laterne und langer Spitze überragt. – Im Innenraum birgt die Kirche wertvolle Kunstwerke. An der Innenwand des Chors wurden acht Fresken aus der Zeit nach 1480 entdeckt, die den Leidensweg Christi darstellen. Sie wurden wieder übermalt. An der Mittelstütze hängt ein großes Kruzifix von etwa 1520. Zu seinen Füßen steht eine trauernde Maria vom Ende des 15. Jh. Der viergeschossige Altar trägt zwei Jahreszahlen: am Gehäuse rechts 1586, unter dem Mittelbild des Abendmahls 1626. Das Bild stammt von Martin Kotte, Schandau, der sich im Figurenwerk selbst mit Palette und Malstock dargestellt hat. Es wird von Säulen und von den Figuren Johannes des Täufers und des Apostels Paulus flankiert. Das darüberliegende Geschoß zeigt die Kreuzabnahme Christi. Von 1586 stammt der kelchförmige Taufstein, von 1621 die Kanzel mit den später hinzugefügten Bildnissen von Christus, den vier Evangelisten, Paulus und Martin Luther. An der Kassettendecke des Schiffes bemalte Hans Panitz 1619 ihre äußeren Felder mit Ornamenten, ihre inneren mit Kartuschen und Wappen. So wurde von 1586 bis 1626 besonders intensiv an der Kirche und ihrer Ausstattung gearbeitet. Die Felder der zweigeschossigen Empore zeigen biblische Szenen von Gottfried Burchardy aus den Jahren 1688/89. Im Chor befinden sich in zwölf Feldern

Darstellungen der Apostel aus der gleichen Zeit. Der Gesamteindruck des Raumes wird bestimmt von den farbigen Bilderzählungen, wie sie für protestantische Dorfkirchen im 16. und 17. Jh. charakteristisch sind. – Die Orgel (II/27 – pneumatische Traktur) wurde 1902 von Gebr. Jehmlich, Dresden, gebaut. Seit dem Umbau 1928 befindet sie sich mit einem freistehenden Pfeifenprospekt hinter dem Altar. – An den Außenwänden der Kirche sind einige Grabdenkmäler des 17. und 18. Jh. erhalten.

Abb. S. 164

Sebnitz, katholische Kirche

Die Katholiken in Sebnitz stammten meist aus dem benachbarten Böhmen. Seit 1823 gehörten sie zu der wieder gegründeten Pfarrei Pirna, wurden aber kirchlich von den nahe gelegenen Pfarreien Lobendau (Lobendava) und Niedereinsiedel (Dolní-Poustevna) in Böhmen betreut. 1883 übernahm Pirna die Seelsorge, bis die Pfarrei Sebnitz 1888 gegründet wurde. Seit 1887 bestand eine Interimskapelle. Die Pfarrkirche »Kreuzerhöhung« wurde 1890/92 durch den Architekten Christian Schramm, Dresden, und den Baumeister Gustav Adolf Reinhardt, Sebnitz, in neugotischem Stil erbaut. Die Orgel (II/13 – mechanische Kegellade) wurde 1892 von Hermann Eule, Bautzen, errichtet. Ein Relief am Altar von Franz Pohl, Sebnitz, stellt das Abendmahl dar. 1960 erhielt die Kirche eine bronzene Marienstatue von Georg Nawroth, Görlitz, und Kreuzwegbilder mit einem Auferstehungsbild von Johannes Georgi, Sebnitz.

Abb. S. 165

Stadt Wehlen
s. Wehlen

Stolpen, Stadtkirche

Die Burg, die heute als Museum ein Anziehungspunkt für Besucher ist, wurde Ende des 12. Jh. an einer Kreuzung wichtiger Straßen auf einem Basaltfelsen erbaut. Sie war Stammsitz einer Adelsfamilie, deren Besitz bereits 1222 den Bischöfen von Meißen überlassen wurde. Diese schufen sich in Stolpen einen neuen Herrschaftsmittelpunkt und residierten hier von 1537 bis 1555. 1559 zwang der Kurfürst den Bischof zur Abtretung von

Burg, Stadt und Amt Stolpen im Tausch gegen das Amt Mühlberg. – Im Schutze der Burg entwickelte sich zuerst die städtische Siedlung Altstadt, die 1297 noch Jockrim hieß. Die Stadt Stolpen wurde zu Anfang des 14. Jh. als Burgsiedlung (suburbium) unmittelbar unterhalb der Burg in deren Schutz gegründet. Sie brannte wiederholt ab in den Jahren 1429, 1489, 1632 und 1723. 1429 wurde sie von Hussiten, 1632 von Kroaten im kaiserlichen Heer angezündet. Seit dem 16. Jh. entwickelte sich hier Textilindustrie. Die Stadt hat 2130 Einwohner. Die Silhouette Stolpens ist von dem reizvollen Miteinander der Burgtürme und des Kirchturms geprägt.

Kirchlich unterstand Stolpen bis zur Reformation 1559 dem Archidiakonat Oberlausitz im Bistum Meißen. Es war Sitz eines Erzpriesters. Zahlreiche Nachbarorte waren eingepfarrt. Filialkirchen waren bis 1892 Altstadt und Helmsdorf.

Die Kirche wurde von allen Stadtbränden mit betroffen. Erhalten blieb der spätgotische Chor mit schlichtem Sterngewölbe und einem Triumphbogen von 1490. Der rechteckige Saal wurde 1724/27 im Barockstil auf den alten Grundmauern errichtet. Der Westturm mit neubarocker Haube stammt überwiegend von 1899. Seine Spitze wurde 1972 von 59 auf 48 Meter verkürzt. – Von den zweigeschossigen Emporen des 18. Jh. an der Südost- und Nordwestseite wurde das obere Geschoß 1899 größtenteils beseitigt. – Ein spätgotisches Kreuzrelief aus dem 15. Jh. in der Vorhalle stammt von der ehemaligen Friedhofsmauer, die an dieser Stelle zugleich Stadtmauer war. Die Kanzel und die Taufe wurden 1727 aus Holz gefertigt. Die Taufe ist mit vielen Blumenornamenten geschmückt; auf ihrem Deckel befindet sich die Taube mit dem Ölblatt. Der Altar von 1770 trägt ein Relief des heiligen Abendmahls. Links des Altars steht der Evangelist Johannes mit Bibel und Altarsymbol, rechts Mose mit den Gesetzestafeln. – Die Orgel (II/23 – mechanische Kegellade) wurde 1898 von Hermann Eule, Bautzen, in das barocke Gehäuse der Vorgängerorgel von Johannes Christian Pfennig, Kröbeln, von 1766 eingebaut. – Die drei großen Farbglasfenster stellen Christus dar, der, als Mensch geboren, den Tod besiegte und seiner Gemeinde den göttlichen Geist übertrug. – 1977 bis 1984 wurde die gesamte Kirche umfassend restauriert.

Abb. S. 166, 167

Stolpen, Ortsteil Altstadt, St.-Lorenz-Kirche

Das früher selbständige Dorf Altstadt liegt südwestlich von Stolpen nahe der Straße nach Pirna. Oberaltstadt bildet ein Gassenhufendorf, Niederaltstadt zieht sich an der Wesenitz und am Langenwolmsdorfer Bach entlang. Die ersten Erwähnungen lauten 1357 »by der Aldinstad« und 1388 »Jokrim in der Aldinstadt«. 1752 wurde es als Flecken bezeichnet. Im Ort gab es mehrere Vorwerke. Seit 1854 werden landwirtschaftliche Maschinen und Geräte hergestellt, deren Produktion sich seit 1955 sehr erhöht hat. 1946 hatte Altstadt 700 Einwohner. Seit 1950 ist es nach Stolpen eingemeindet.

Die St.-Lorenz-Kirche war Filialkirche von Stolpen. Seit 1892 ist sie Filial- bzw. Schwesterkirche von Helmsdorf.

Der Bau weist noch romanische Teile auf: einen Triumphbogen, Öffnungsbögen der ehemaligen Altarnischen (Apsiden) sowie Pfeiler mit Blattkapitellen. Seit einem Umbau von 1832 stellt die Kirche einen rechteckigen Saal dar. Mit dem Dachreiter ist sie 25 Meter hoch. Über alle vier Seiten erstrecken sich Emporen. Neben dem schlichten Kanzelaltar zeigt ein Gemälde eines unbekannten Meisters von 1677 die Kreuzigung Christi. Der Taufstein ist barock. – Die Orgel (I/11) wurde 1859 von Wilhelm Leberecht Herbrig, Langenwolmsdorf, gebaut.

Struppen

Der Name des südöstlich von Pirna gelegenen Ortes ist sorbisch, die Dorf- und Flurform dagegen deutsch. Struppen war Stammsitz eines 1275 urkundlich genannten Rittergeschlechtes. Das Dorf gehörte bis 1408 zu Böhmen, und die Kirche stand daher im 14. Jh. unter dem Patronat des Deutschritterordens. Aus einem 1420 genannten Vorwerk wurde im 16. Jh. das Rittergut Kleinstruppen, das 1822 Sitz der Soldatenknaben-Erziehungsanstalt wurde und seit 1945 LPG ist. Ein weiteres seit 1438 bezeugtes Vorwerk wurde zum Rittergut Neustruppen. Die drei Ortsteile Struppen, Kleinstruppen und Neustruppen wurden erst 1918/19 miteinander vereinigt. Von den 1500 Einwohnern sind viele in der Industrie von Pirna und Heidenau beschäftigt.

In die Pfarrkirche sind die Nachbarorte Obervogelgesang, Naundorf und Leupoldishain eingepfarrt. – Die Kirche ist ein romanischer Bau aus der zweiten Hälfte des 13. Jh., der im 16. Jh. verändert wurde. Romanische Teile sind der quadratische Chor mit einem Fenster hinter dem Altar, der Triumphbogen, die Sakristei mit einem Tonnengewölbe, das breite Südportal und daneben eine Chorpforte mit dem Symbol des Deutschritterordens im Schlußstein. Links über dem Triumphbogen wurden mittelalterliche Fresken freigelegt, deren Restaurierung im Gange ist. Gotisch sind das Gewölbe des Chors mit einem tief herabhängenden Schlußstein sowie die Sakramentsnische an der Nordseite des Chors. Der Renaissance gehört der südliche Anbau vor dem Hauptportal mit seinem kunstvollen Giebel aus der Zeit um 1600 an. In diesem Anbau befindet sich die ehemalige Herrschaftsstube. Der Turm über dem Chor wurde 1695 erhöht und mit einer geschwungenen Haube und Laterne bekrönt. Die durch feine Stuckleisten gegliederte Decke, die zweigeschossigen Emporen im Süden und Westen, eine weitere Empore im Osten, ein Epitaph des Pfarrers Alardus († 1689) und ein prunkvolles Epitaph des Generalmajors von Bolberitz († 1760) stammen ebenfalls aus der Barockzeit, in der die Kirche 1736 erneuert wurde. – Die Orgel (I/13), vermutlich 1746 von Johann Ernst Hähnel gebaut, gehört zu den ältesten Orgeln der Sächsischen Schweiz. Sie wurde 1985 restauriert. – Bei einer Erneuerung im 19. Jh. erhielt die Kirche den schlichten Säulenaltar und die Kanzel in Neurenaissanceformen. – Die Kirche wird seit 1978 umfassend restauriert.

Abb. Schutzumschlag, Rückseite, S. 168, 169

Stürza

Das Waldhufendorf liegt südlich von Stolpen und wird 1386 erstmals genannt. Es gelangte 1435 aus dem Besitz der böhmischen Adelsfamilie Berka von der Duba an das Bistum Meißen, 1543 an den Kurfürsten von Sachsen. Der Ort hat 800 Einwohner.

Stürza war bis 1973 stets Pfarrkirche. Zu dieser gehörten auch Rathewalde (bis 1862 als Filialkirche), Heeselicht und Hohburkersdorf. Seit 1973 sind Rathewalde und Stürza Schwesterkirchen von Lohmen.

Die Kirche enthält kunstvolle Bauteile aus verschiedenen Stilepochen. Der Chor mit seinen Strebepfeilern und Maßwerkfenstern ist spätgotisch. Die Turmhalle bewahrt Reste einer Kassettendecke mit Malereien alttestamentlicher Szenen aus der Zeit um 1500. Das Schiff ist im 17. Jh. erbaut. Der quadratische Turm von 1630/31 ist zu einem Drittel in den Westgiebel eingefügt; auf seinem Walmdach sitzt ein spitzer Dachreiter. Zweistöckige, nahezu allseitig ringsumlaufende Emporen verbinden den Chor und das Schiff zu einem Saal. Die Brüstungsfelder der unteren Empore des 17. Jh. zeigen Szenen aus dem Alten Testament, die der oberen des 18. Jh. sind mit Rokokoornamenten verziert. An der Südseite ist die Empore unterbrochen von der Patronatsloge und der barocken Kanzel des 18. Jh., die reiches, buntbemaltes Schnitzwerk trägt. Der Flügelaltar mit der Darstellung der Kreuzigung im Hauptfeld und der Taufstein in Kelchform stammen aus dem 17. Jh. – In das Gehäuse der Vorgängerorgel (II/18) von Wilhelm Leberecht Herbrig, Langenwolmsdorf, um 1847, bauten Gebr. Jehmlich, Dresden, 1933 ein neues Orgelwerk (II/10 – pneumatische Traktur) ein.

Abb. S. 170

Ulbersdorf

Das westlich von Sebnitz gelegene Waldhufendorf wird 1432 erstmals erwähnt. Im Oberdorf und im Niederdorf befand sich je ein Rittergut; das letztere ist in verfallenem Zustand. Ulbersdorf hat 630 Einwohner.

Ulbersdorf hatte seit dem Mittelalter eine Pfarrkirche, die 1443 zuerst genannt wird und in die das Nachbardorf Lohsdorf eingepfarrt war. 1928 bis 1978 war die Kirche Filialkirche von Ehrenberg. Seit 1979 ist sie Schwesterkirche von Lichtenhain.

Die jetzige kleine, rechteckige Saalkirche auf einer Anhöhe westlich der Dorfstraße wurde anstelle ihrer Vorgängerin im 17. Jh. erbaut. Sie besitzt einen großen hölzernen Dachreiter aus dem Jahre 1699. Im Inneren ist sie mit Emporen ausgestattet. Der Altaraufbau mit Gemälden der Passion Christi zwischen zwei Säulen wurde 1685 errichtet. Wertvoll ist der Renaissance-Taufstein mit reichen Skulpturen aus dem Jahre 1602. – Die Orgel (II/13), deren Prospektpfeifen seit dem ersten Weltkrieg fehlen, wurde 1858 von Leopold Kohl, Bautzen, gebaut. – Sechs künstlerisch bedeutende Grabmäler der Patronatsherrschaft stammen aus dem Ende des 16. und Anfang des 17. Jh.

Abb. S. 171

Dorf Wehlen, St.-Michaelis-Kirche

Die Siedlung hat einen slawischen Namen, ist aber wohl im späten 12. Jh. als Waldhufendorf entstanden und wird erst 1445 urkundlich erwähnt. Hier wohnten früher zahlreiche Steinbrecher. Von den 700 Einwohnern sind viele in der Pirnaer und Heidenauer Industrie beschäftigt.

Die Kirche St. Michael ist Pfarrkirche; eingepfarrt ist Pirna-Mockethal. Uttewalde wurde 1976 an Lohmen abgegeben. Von 1539 bis 1759 war Stadt Wehlen Filialkirche.

Die Kirche von Dorf Wehlen ist ein stattlicher rechteckiger Bau, deren 1744 errichteter viergeschossiger Westturm die ganze Gegend beherrscht. Von einem spätromanischen Bau aus der Zeit um 1200 ist die Apsis mit sehr starken Mauern und einem Rundfenster erhalten; sie ist durch zwei Öffnungen seitlich des Altars mit dem Kircheninneren verbunden. Die zweigeschossigen Emporen an den Längswänden stammen wohl aus dem 18. Jh. Im Kirchenschiff befinden sich ein spätgotisches überlebensgroßes Holzkruzifix und Gedenktafeln für die Gefallenen beider Weltkriege. Altar und Taufstein sind klassizistisch und stammen aus dem Anfang des 19. Jh. Auch die 1832 von Christian Gottfried Herbrig, Altstadt, erbaute Orgel (II/18) zeigt an ihrem Gehäuse klassizistische Stilelemente.

Abb. S. 172

Stadt Wehlen, Stadtkirche

Am unteren Ende des Dorfes Wehlen stand vom 13. bis zur Mitte des 16. Jh. auf einem Berg über der Elbe die Burg Wehlen als Mittelpunkt einer Herrschaft. Unterhalb davon entstand erst Anfang des 15. Jh. das 1445 erstmals genannte Städtchen Wehlen. Die Bevölkerung arbeitete meist bei der Elbschiffahrt und im Steinbruchbetrieb. Seit dem 19. Jh. ist Stadt Wehlen ein bevorzugter Fremdenverkehrsort und Ausgangspunkt für Wanderungen. Die Stadt hat 1390 Einwohner, von denen viele in der Pirnaer und Heidenauer Industrie tätig sind.

Die Kirche war im Mittelalter Pfarrkirche und ist es wieder seit 1759. Zwischendurch war sie von 1539 bis 1759 Filialkirche von Dorf Wehlen. – Die spätgotische Stadtkirche wurde 1495 erstmals genannt; sie stand unterhalb der Burg im Pfarrgarten, wo ihre Reste noch zu sehen sind: ein Portal, die südliche Seitenschiffmauer und die kreuzgratgewölbte Sakristei, die durch eine Spitzbogentür zugänglich ist.

1883 wurde die alte Kirche durch einen Neubau am Markt ersetzt. Dieser ist nach Plänen von Christian Friedrich Arnold, Dresden, in neuromanischem Stil errichtet. Die Halle und die ihr gegenüber erhöhte Chornische werden durch große Rundbogenfenster beleuchtet. Der etwa 35 Meter hohe Westturm hat einen quadratischen Grundriß und eine spitze Haube; er wird von einem Kreuz auf der Weltkugel gekrönt. Eine Sakristei ist an der Südseite des Chores angebaut. Im Innenraum finden wir eingeschossige Emporen im Süden, Norden und Westen. Ein Altarbild der Auferstehung Christi von 1889/90 stammt von Karl Gottlob Schönherr, Dresden. – Die Orgel (II/17 – pneumatische Traktur) von 1911 bauten Gebr. Jehmlich, Dresden.

Abb. S. 11

Zehista

s. Pirna-Zehista

Zuschendorf

s. Pirna-Zuschendorf

Literaturverzeichnis

1. Geschichte und Landeskunde der Sächsischen Schweiz; Kirchengeschichte

Historischer Führer. Stätten und Denkmale der Geschichte in den Bezirken Dresden, Cottbus, Leipzig/Jena/Berlin 1982

Blaschke, Karlheinz/Gerhard Kehrer/Heinz Machatscheck, Lexikon Städte und Wappen der DDR, Leipzig 1979, 2. neubearb. u. erweit. Aufl. 1984

Schlesinger, Walter (Hg.), Sachsen. Handbuch der Historischen Stätten Deutschlands, Bd. 8, Stuttgart 1965

Schmidt, Otto Eduard, Kursächsische Streifzüge, Bd. 6: Dresden und die Sächsische Schweiz, Dresden 1928

Graf, Dietrich, Vom »Behemer Walt« zur »Sächsischen Schweiz«. Die Bezeichnung einer Landschaft im Wandel der Zeiten, in: Kalender Sächsische Gebirgsheimat 1984, hg. v. Inge Schubert. Ebersbach (Sachs.) 1983, 27. Aug. – 2. Sept.

Kempe, Lothar, Begegnungen in der Sächsischen Schweiz, Leipzig 1973, 3. Aufl. Leipzig 1978

Kurpat, Oskar, Sächsische Schweiz, Dresden 1948 (=Heimathefte Nr. 1)

Die Burgen und vorgeschichtlichen Wohnstätten der Sächsischen Schweiz, hg. v. Alfred Meiche, Dresden 1907 (darin u. a. Ludwig Schmidt, Zur Geschichte der Sächsischen Schweiz, S. 1–7)

Werte unserer Heimat, Heimatkundliche Bestandsaufnahme in der DDR, Bd. 1: Vogel, Richard, Gebiet Königstein/Sächsische Schweiz, 2. Aufl. neubearb. v. Dieter Beeger, Berlin 1985

Werte der deutschen Heimat, Veröffentlichungen der Kommission für Heimatforschung, Berlin 1957 ff.

Bd. 2: Zwischen Sebnitz, Hinterhermsdorf und den Zschirnsteinen, 2. Aufl. 1965

Bd. 3: Engelmann, Gerhard: Im Süden der Barbarine, 1960 (darin u. a. Karlheinz Blaschke, Die Sächsische Schweiz und ihre Geschichte, S. 158–170, Fritz Löffler, Kunst- und Kulturdenkmale in der Sächsischen Schweiz, S. 208–212)

Bd. 4: Um Gottleuba, Berggießhübel und Liebstadt, 1961

Bd. 9: Pirna und seine Umgebung, 1965

Bd. 17: Um Stolpen und Neustadt, 1970

Werte unserer Heimat, Bd. 27: Dresdner Heide, Pillnitz, Radeberger Land, 1976

Schlesinger, Walter, Kirchengeschichte Sachsens im Mittelalter, 2 Bde. Köln/Graz 1962

Blaschke, Karlheinz/Walther Haupt/ Heinz Wießner, Die Kirchenorganisation in den Bistümern Meißen, Merseburg und Naumburg um 1500, Weimar 1969

Schmidt, Gerhard, Dresden und seine Kirchen. Eine Dokumentation, 3. veränd. Aufl. Berlin 1978

Historisches Ortsverzeichnis für den Freistaat Sachsen. Meiche, Alfred, Historisch-topographische Beschreibung der Amtshauptmannschaft Pirna, Dresden 1927

Blaschke, Karlheinz, Historisches Ortsverzeichnis von Sachsen, Leipzig 1957

2. Kirchliche Kunstgeschichte

Dehio, Georg, Handbuch der deutschen Kunstdenkmäler. Die Bezirke Dresden, Karl-Marx-Stadt, Leipzig, bearb. von der Arbeitsstelle für Kunstgeschichte bei der Deutschen Akademie der Wissenschaften zu Berlin, München/Berlin 1965. Dazu Bildband Berlin 1968

Dohmann, Albrecht, Deutsche Kunstdenkmäler. Ein Bildhandbuch. Bezirke Dresden, Leipzig, Karl-Marx-Stadt, Leipzig 1969

Hentschel, Walter, Bibliographie zur sächsischen Kunstgeschichte, Berlin 1960

Steche, Richard und Cornelius Gurlitt, Beschreibende Darstellung der älteren Bau- und Kunstdenkmäler des Königreichs Sachsen, H. 1: Amtshauptmannschaft Pirna, Dresden 1882

Neue Sächsische Kirchengalerie, Hg. Georg Buchwald. Die Ephorie Pirna, Leipzig 1907

Sachsens Kirchengalerie. 4. Bd., 5. Abt., Inspektion Pirna, Dresden 1840

Rietschel, Christian/Bernd Langhof, Dorfkirchen in Sachsen, 7. Aufl. Berlin 1972

Magirius, Heinrich/Hartmut Mai, Dorfkirchen in Sachsen, Berlin 1985 (1. Aufl. der Neubearbeitung)

Löffler, Fritz, Die Stadtkirchen in Sachsen. Mit einer geschichtlichen Einführung von Karlheinz Blaschke und einem Beitrag zur romanischen und gotischen Architektur von Heinrich Magirius, Berlin 1973

Mai, Hartmut, Der evangelische Kanzelaltar, Geschichte und Bedeutung, Halle 1969

Ders., Dorfkirchen in der Sächsischen Schweiz, in: Kalender Sächsische Gebirgsheimat 1984, hg. v. Inge Schubert, Ebersbach (Sachs.) 1983, 23.–29. April

Bachmann, Walter/Walter Hentschel, Die Stadt Pirna, Dresden 1929 (= Die Kunstdenkmäler des Freistaats Sachsen, Bd. 1)

Lemper, Ernst Heinz, Die Stadtkirche St. Marien zu Pirna, Berlin 1957 (= Das christliche Denkmal, H. 25)

Wittig, Eckhard, Die Stadtkirche St. Marien zu Pirna, Pirna 1976, Faltblatt

Woelker, G., Die Stadtkirche St. Marien zu Pirna, 1986, Faltblatt

Helas, Volker, Die Wiederherstellung der farbigen Fassung des Innenraumes und seiner Ausstattung der George-Bähr-Kirche zu Hohnstein/Sächsische Schweiz, Karl-Marx-Universität Leipzig, Diplomarbeit 1967 (Maschinenschrift)

Mertens, Klaus, Die romanische Kapelle auf der Festung Königstein, in: Wissenschaftliche Zeitschrift der Technischen Universität Dresden, 12, 1963, H. 5, S. 1189–1194 (mit weiterer Literatur)

Berger, Dietrich, Denkmalpflegerische Zielstellung für die Rekonstruktion der Garnisonkirche auf der Festung Königstein, Dresden 1985 ungedr. (mit weiterer Literatur), im VEB Denkmalpflege Dresden, Friedrichstr. 33, 8010

Hänsel, Friedbert: Stadtkirche zu Stolpen, 1984, Faltblatt

Denkmalkartei der Kreise Pirna und Sebnitz, im Institut für Denkmalpflege Dresden, bearb. von Helgard Sauer, um 1973, später von anderen fortgesetzt

3. Orgeln

Oehme, Fritz, Handbuch über ... Orgelwerke im Königreich Sachsen ..., 3 Teile, Dresden-Sayda 1889–1897, fotomechanischer Nachdruck. Dazu Teil 4: Supplement und Register, hg. v. Wolfram Hackel, Leipzig 1978

Dähnert, Ulrich, Historische Orgeln in Sachsen. Ein Orgelinventar, Leipzig 1980

Die Geschichte der Jahn-Orgel in der St.-Marien-Kirche zu Pirna, mit Beiträgen von F. H. Greß und Heinrich Albrecht, Pirna o. J. (1979)

Hackel, Wolfram, Zur Geschichte der Orgeln in der Stadtkirche Radeberg, in: Acta organologica, Bd. 14, 1980, S. 173–184

Ders., Gottfried Semper und die Orgel in Eschdorf, in: Sächsische Heimatblätter, Jg. 27, 1981, S. 238 f.

Ders., Silbermannorgel Dittersbach, 1983, Faltblatt

Verzeichnis der Orgelbauer

Barth und Boscher, Dippoldiswalde
Erich Barth (1906–1976) und Ludwig Boscher führten von 1931 bis 1939 gemeinsam die Werkstatt von E. L. Lohse fort. Nach dem Ausscheiden von L. Boscher wurde sie von E. Barth bis 1974 allein weitergeführt.

Eule, Hermann (1846–1929), Bautzen, gegr. 1872.
Seit 1972 VEB Orgelbau Bautzen, seit 1983 VEB Eule Orgelbau Bautzen

Hähnel, Johann Ernst (1697–1777), Meißen, Dresden, Hubertusburg (Wermsdorf bei Oschatz)

Herbrig, Christian Gottfried (1772–1850), Altstadt bei Stolpen, und sein Sohn Wilhelm Leberecht (? – ?), Langenwolmsdorf bei Stolpen

Herold, Samuel Heinrich (1819, † ?), Pirna

Jahn, Friedrich Nikolaus (1798–1875), Dresden.
Sein Sohn Julius Jahn (1829–1910) und sein Enkel Johannes Jahn (1868–1933) führten die Werkstatt fort

Jehmlich, Orgelbauerfamilie, Dresden, Zwickau.
Johann Gotthold Jehmlich (1781–1862), gegr. 1808.
Karl Eduard Jehmlich (1824–1889).
Seit 1888 Gebr. Jehmlich.
Seit 1972 VEB Orgelbau Dresden, seit 1983 VEB Jehmlich Orgelbau Dresden

Kayser, Johann Christian (1750–1813), Dresden

Kohl, Leopold (1814–1896), Bautzen

Lohse, Ernst Louis (1850–1932), Dippoldiswalde
Von diesem Orgelbauer übernahmen Barth und Boscher die Werkstatt, die ursprünglich von Karl Traugott Stöckel gegründet wurde.

Nagel, Gebr.: Karl Theodor (1837–1917), Großenhain,
Bernhard August (1846–1932)

Offenhauer, Eduard (1825–1904), Delitzsch

Pfennig, Johann Christian (1708–1770), Kröbeln, Kr. Bad Liebenwerda

Reiß, Christian Friedrich (1796–1855), Neugersdorf, Kr. Löbau

Schmeisser, Reinhard (1909–1978), Rochlitz, gegr. 1844

Schmieder, Johann Christoph (? – ?), Mölbis bei Borna

Schröter, Karl August (1821–1884), Pirna

Silbermann, Gottfried (1683–1753), Freiberg

Stöckel, Karl Traugott (1804–1881), Dippoldiswalde

Venzky, Karl Rudolf August (1767–1811), Dresden

BILDTEIL

Schroffe, steilabfallende Felsen und tiefe
Schluchten an der Bastei, Basteibrücke von Norden
mit Blick zum Lilienstein

Rechts:
Bootsfahrt auf dem Stausee der Oberen Schleuse
im Kirnitzschtal bei Hinterhermsdorf

Bad Gottleuba, spätgotische Stadtkirche (15./16. Jh.)
mit barocker Turmspitze

Rechts:
Bad Gottleuba, Chor mit spätgotischen
Gewölbemalereien

Rechts:
Bad Schandau, Johanniskirche,
Westturm von 1645

Bad Gottleuba, Gewölbemalerei:
Heilige Drei Könige,
16. Jh. (Ausschnitt)

Bad Gottleuba, Gewölbemalerei:
Apostel Johannes mit Kelch
und Andreas mit gekreuzten
Stämmen, 16. Jh. (Ausschnitt)

Bad Schandau, Johanniskirche,
Inneres mit Renaissancealtar und Barockkanzel

Bad Schandau,
Johanniskirche, Blick zur Orgel

Rechts:
Bad Schandau,
katholische Kapelle

Bad Schandau, Johanniskirche,
spätgotische Plastik
des Schmerzensmannes

Bahratal, Ortsteil Markersbach,
Kirche des 17. Jh.
mit neugotischen Fenstern (1838)

Rechts:
Bahratal, Inneres mit klassizistischem
Kanzelaltar

Berggießhübel, neugotische Kirche von 1876

Rechts:
Börnersdorf-Breitenau, Ortsteil Börnersdorf,
Kirche von 1674 mit Turm von 1865

Börnersdorf, Innenraum mit klassizistischem Kanzelaltar

Rechts oben:
Borna, Barockkirche von 1753

Rechts unten:
Borna-Gersdorf, Inneres mit barockem Kanzelaltar von 1756

Borna-Gersdorf, Blick zur Orgel

Rechts:
Börnersdorf-Breitenau, Ortsteil Breitenau, Kirche von 1817

Breitenau, Inneres mit klassizistischem Kanzelaltar

Cotta, spätgotische Kirche, Ende 15. Jh.

Dittersbach, Barockkirche, nach 1662 erbaut

Links:
Cunnersdorf, neuromanische Kirche von 1855

Dittersbach, Inneres mit Barockkanzel
und klassizistischem Altar

Dittersbach,
Silbermannorgel

Ehrenberg, spätgotische Kirche (1500), verändert 1894

Ehrenberg, Innenraum von 1894

Friedrichswalde, Kirche des 16./17. Jh.
mit neugotischem Turm

Friedrichswalde-Ottendorf, Kirche des 14. Jh. mit Turmspitze von 1900

Friedrichswalde-Ottendorf, Inneres mit Kanzel, Epitaphien, Taufstein und Orgel

Friedrichswalde-Ottendorf, Blick zum Altar, 16. Jh.

Rechts:
Friedrichswalde-Ottendorf, Renaissancealtar

HOC EST
CORPUS
MEUM,
QUOD PRO
VOBIS
DATUR

Helmsdorf, Gemeindezentrum von 1975

Links:
Friedrichswalde-Ottendorf, Epitaph des 18. Jh.

Hinterhermsdorf, Kirche des 19. Jh.

Rechts:
Hinterhermsdorf, Barockaltar von 1692 mit schwebendem Taufengel

INRI
IHS

Hohnstein, Stadt mit Burg und Kirche

Links:
Hinterhermsdorf, Kreuz, wohl vom Ende des 18. Jh.

Hohnstein, Barockkirche von 1730
erbaut von George Bähr

Hohnstein, Inneres mit barockem Kanzelaltar
und Orgel des 17./18. Jh.

Königstein, Inneres mit klassizistischem Kanzelaltar

Links:
Königstein, Stadtkirche von 1724 und 1823

Königstein, katholische Kirche von 1911

Königstein, Blick ins Bielatal mit der katholischen Kirche

Krippen, neuromanisch-neugotische Kirche von 1882

Langenhennersdorf, Kirche von 1495, erweitert im 18. Jh.

Langenhennersdorf,
Taufstein,
wohl aus der
spätmittelalterlichen
Kirche

Rechts:
Langenwolmsdorf,
Kirche von 1652

Lichtenhain, Kirche von 1698

Links:
Langenwolmsdorf, Inneres mit klassizistischem Kanzelaltar, nach 1840

sind die reines Herzens sind
denn sie

Links:
Liebstadt, Inneres
aus dem 15./16. Jh.
mit Flügelaltar
und Kanzel

Liebstadt, Engel
von einem Grabdenkmal
des 18. Jh., aufgestellt
in der Kirche

Lohmen, Barockkirche von 1789

Rechts:
Lohmen, Inneres mit dreistöckigen Emporen, Kanzelaltar, Taufstein und Orgel

Neustadt, Inneres nach Osten

Links:
Neustadt, neugotische Kirche von 1884

Neustadt, katholische Kirche von 1928
in neugotischem Stil

Links:
Neustadt, Schnitzfigur des auferstandenen Christus, 17. Jh.

Oelsen, Kirche von 1500 mit bis 1806 vorgenommenen Ergänzungen

Links:
Neustadt, neugotische Friedhofskirche von 1901

Oelsen, klassizistischer Innenraum mit Kanzelaltar von 1806

Papstdorf, spätbarocke Kirche von 1787

Pirna, gotische Klosterkirche des 14. Jh.,
seit 1956 katholische Kirche,
Nordseite vom Klosterhof aus

Rechts:
Pirna, Klosterkirche, Südseite mit Turm

Pirna, Klosterkirche,
spätgotische Plastik
der Schmerzensmutter

Pirna, katholische Pfarrkirche
in neugotischem Stil (1869),
gesehen vom Turm
der Marienkirche

Pirna, spätgotische Marienkirche des 16. Jh.

Links:
Pirna, katholische Pfarrkirche
von der Dr.-Wilhelm-Külz-Straße aus

Pirna, Südseite der Marienkirche mit Turm

Pirna, Marienkirche, Nordportal von 1890

Pirna, Marienkirche, Mittelschiff mit Sicht zur Orgel

Pirna, Marienkirche, Netzrippenwerk des Gewölbes im Mittelschiff

Pirna, Marienkirche, Gewölbemalereien
mit Darstellungen Luthers und Melanchthons

Rechts:
Pirna, Marienkirche, Renaissancealtar um 1610

MAT. 12. WIE IONAS WAR DREY TAG
IM BAVCHE DES FISCHES: ALSO WIRD DE
MENSCHEN SOHN DREY TAGE VND DREY
NACHT SEIN IN BAVCHE DER ERDEN.

Pirna, Marienkirche, Taufstein von 1561

Links:
Pirna, Marienkirche, Altar,
Mittelfeld des Hauptgeschosses:
Auferstehung Christi

Pirna-Liebethal, Kirche aus der zweiten Hälfte des 16. Jh.

Rechts:
Pirna-Zuschendorf, Schloßkirche von 1560,
Inneres mit Renaissancealtar

Porschdorf, Kirche von 1904

Rechts:
Porschdorf, Inneres nach Osten

Porschendorf, Inneres mit Blick zur Orgel

Links:
Porschendorf, Kirche von 1648

Reinhardtsdorf, Inneres mit Emporenmalereien
zur biblischen Geschichte

Links:
Rathewalde, barocke Kirche, 1860 wiederhergestellt

3 3 8
LOBE DEN HERRN

Reinhardtsdorf, Flügelaltar von 1521

Links:
Reinhardtsdorf, Orgelempore

Rosenthal, neugotisch-romanische Kirche von 1856

Saupsdorf, neuromanische Kirche von 1842

Sebnitz, Stadtkirche von 1619 mit Turm von 1928

Sebnitz, katholische Kirche von 1892

Stolpen, barocke Stadtkirche von 1727

Stolpen, barocker Altar

en, barocker Taufstein

Struppen, romanische Kirche des 13. Jh.,
im 16. Jh. verändert, mit Barockturm von 1695

Struppen, Inneres mit Blick
auf Altar und Kanzel

Stürza, barocke Kirche mit spätgotischem Chor

Ulbersdorf, Kirche des späten 17. Jh.

Dorf Wehlen, Kirche mit romanischen Teilen, Turm von 1744